Maîtriser votre

STRESS

David Posen M.D.

Maîtriser votre
STRESS

97-B, Montée des Bouleaux, Saint-Constant, PQ, Canada J5A 1A9,
Tél. : (450) 638-3338 Fax : (450) 638-4338 Internet : http ://www.broquet.qc.ca
Email : info@broquet.qc.ca

Catalogage avant publication de Bibliothèque et Archives Canada

Posen, David

  Maîtriser votre stress

  (Guide de survie)

  Traduction de: The little book of stress relief.

  ISBN 978-2-89000-715-4

  1. Gestion du stress. 2. Stress. I. Titre. II. Collection: Guide de survie
  (Saint-Constant, Québec).

RA785.P6814 2005   155.9'042   C2005-941767-6

POUR L'AIDE À LA RÉALISATION DE SON PROGRAMME ÉDITORIAL, L'ÉDITEUR REMERCIE :

Le Gouvernement du Canada par l'entremise du Programme d'Aide au Dévelop-
pement de l'Industrie de l'Édition (PADIÉ) ; La Société de Développement des
Entreprises Culturelles (SODEC) ; L'Association pour l'Exportation du Livre
Canadien (AELC).
Le Gouvernement du Québec - Programme de crédit d'impôt pour l'édition de
livres - Gestion SODEC.

Traduction : Maurice Soudeyns
Révision : Marcel Broquet, Denis Poulet
Direction artistique : Brigit Levesque
Infographie : Sandra Martel

Titre original :
The little book of stress relief publié par Key Porter Books Limited
Copyright © 2003 par David B. Posen

Pour l'édition en langue française :
Copyright © Ottawa 2005
Broquet Inc.
Dépôt légal — Bibliothèque nationale du Québec
4ᵉ trimestre 2005

ISBN : 978-2-89000-715-4
Imprimé au Québec

Note : *Ce livre a pour but d'offrir des renseignements précis et qui font autorité dans le
domaine. Il est vendu en tenant compte du fait que l'éditeur n'est pas engagé dans la fourniture
des services psychologiques, financiers, juridiques ou de toute autre forme de services professionnels. Si l'aide d'un spécialiste ou toute autre forme de consultation est requise, les personnes
concernées devraient faire appel aux services d'un professionnel compétent.*

À ma merveilleuse famille, Susan, Jaime et Andrew, qui ont enrichi ma vie d'une façon qu'il m'eût été difficile d'imaginer.

CONTENU

Remerciements xi
Préface xiii

Stress, ami ou ennemi? 1
Connaissez-vous vos signes de stress? 5
D'où vient le stress? 9
Sources intérieures de stress 13
La relation de l'esprit et du corps 17
Facteurs influençant nos interprétations stressantes 21
La fascinante histoire de la théorie du stress 25
Attentes irréalistes 28
Utilisez sagement vos réactions de stress 32
Conciliation travail et vie personnelle 35
La puissance de la permission 39
D'où vient la pression? 43
Pression des pairs et culture d'entreprise 47
Tracer des frontières et fixer des limites 52
Dire non 57
Le sommeil 61
La caféine 65
Mettre votre travail en perspective 69
Comment laisser le travail au bureau 73
Votre temps vous appartient 76
Trouver du temps pour les loisirs 80
Croyances opposant travail et loisirs 84
Trouver son rythme et faire des pauses 89
Il est temps de planifier vos prochaines vacances 93
L'épuisement professionnel 97

Régler la question des délais 102

Donner priorité à certaines tâches 106

Savoir déléguer 110

Savoir communiquer 114

L'envenimation des communications 119

Survivre à l'avalanche d'informations
et au techno-stress 122

Savoir s'y prendre avec les tâches ménagères 127

La procrastination 131

Comment s'y prendre avec l'encombrement 135

La paperasserie 139

L'argent et le stress 143

Difficulté à prendre des décisions 148

Se faire du souci avant le temps 153

Fermer les « circuits ouverts » 157

L'art du recadrage 160

Converser avec soi-même 164

L'interruption de la pensée 168

Recadrer le comportement des autres 172

Savoir s'y prendre avec les personnes difficiles 176

Cesser de donner le pouvoir aux autres 180

De saines habitudes ? À vous de choisir ! 184

Comment j'ai appris à méditer 187

Techniques de relaxation 190

Exutoires pour la frustration 194

Combattre la colère 198

Combattre la déprime 203

L'importance du soutien social 207

Comment apprécier le stress des Fêtes 212

*Les sentiments qui refont
surface au cours de la période des Fêtes* 218

Les résolutions du jour de l'An 222

Conclusion 226

Appendice 1 : Comment s'installe le stress 232

Appendice 2 : Qu'est-ce que le stress ? 233

Appendice 3 : Quels sont les symptômes du stress ? 235

Appendice 4 : Sources intérieures et extérieures de stress 237

De bons mots pour le docteur Posen 241

Remerciements

Ce livre fut une formidable aventure dès le premier jour, en partie grâce aux conseils et au savoir-faire des personnes suivantes que je tiens à remercier particulièrement :

Paul Benedetti, mon éditeur chez Canoe, un mentor devenu depuis un ami, pour m'avoir montré comment écrire de courts articles, m'avoir encouragé et avoir soigneusement révisé mon manuscrit ;

le docteur Greg Dubord, mon collègue en thérapie cognitive comportementale, qui fut à l'origine de ma carrière chez Canoe à titre de responsable de la chronique stress et style de vie en me recommandant à Paul Benedetti ;

Judy Love, mon ancienne assistante, qui collabora étroitement avec moi au début, comme dactylo et premier « éditeur », et critiqua ce livre plus tard, et qui me fait toujours rire ;

Beverley Slopen, mon agent, mon défenseur, ma conseillère et amie depuis de nombreuses années, pour l'enthousiasme dont elle fit preuve tout au long du projet et pour avoir proposé l'idée du livre à Key Porter ;

Clare McKeon, vice-présidente et éditrice en chef chez Key Porter Books, pour avoir cru en moi, pour sa vision du livre, ses conseils et son amitié ;

Dr Alan Brown, Dr. Robbie Campbell, Sue Hanna et Tony McLean, mes estimés collègues et amis, pour avoir pris le temps de lire encore un autre manuscrit et m'avoir donné leur précieuse et honnête opinion à son sujet, dont j'ai largement tenu compte ;

Judy Knapp, mon ancienne infirmière, pour son inépuisable et continuel soutien à chacun de mes livres, pour avoir lu chacun de mes mots, pour avoir été ma mémoire externe qui se souvient mieux que moi des détails que contiennent mes écrits ;

Carol Anne McCarthy, mon assistante, qui organise et facilite ma vie au bureau, pour avoir travaillé avec moi à la réalisation de ce livre au cours des huit derniers mois, pour sa patience et sa délicatesse exemplaires malgré mes nombreuses ébauches;

Sue Sumeraj, mon éditrice, grâce à qui tout le processus d'édition s'effectua sous le signe de la coopération, de la collégialité et du plaisir. Elle a aussi promis de me montrer un ou deux trucs au billard américain (pool) lorsque le livre sera sous presse;

Peter Maher, directeur artistique chez Key Porter Books, pour la magnifique couverture de ce livre et celle du précédent, pour son travail d'artiste entre les couvertures et enfin pour sa créativité, sa perspicacité, sa jovialité et son amitié;

Anna Porter et l'équipe de Key Porter Books pour leur soutien indéfectible, leur efficacité et leur professionnalisme, de même que pour la cordialité et la gentillesse dont ils ont fait preuve au cours des neufs années de notre formidable association.

Préface

S'il est une chose qui est commune aux médecins et aux patients, c'est bien *le stress*. Il est présent partout. Dès que les gens découvrent que je suis un médecin spécialiste du stress (du bibliothécaire de Toronto au crack de l'électronique de Californie en passant par le chauffeur de limousine du New Jersey), ils réagissent tous de la même façon : « Doc ! j'ai besoin de vous ! » Nous connaissons tous ce qu'est le stress pour l'avoir ressenti – et même en avoir souffert parfois. Mais ce que beaucoup d'entre nous ne savent pas, c'est ce qu'il faut faire en pareil cas. C'est ce dont parle le présent livre.

J'ai commencé à m'intéresser au stress en 1981. En fait « à en devenir accro » serait plus juste. J'étais médecin de famille et je venais tout juste de recevoir un dépliant annonçant la tenue, à Montréal, d'un séminaire sur les maladies du cœur. On y abordait la nutrition, l'exercice, le contrôle du stress et la sexualité (laquelle servait sans doute d'appât ; quelqu'un s'était sans doute dit : le sexe, c'est accrocheur même pour une réunion médicale !). La conférence m'intriguait et j'avais besoin de quelques jours de vacances, alors je me suis inscrit. J'étais loin de me douter, lorsque je suis descendu du train en ce magnifique après-midi de juin, que mon travail était sur le point de prendre une tout autre orientation.

Trois conférences sur le contrôle du stress figuraient au programme. J'étais rivé à mon siège. La présentatrice, qui avoua candidement sa nervosité, était une jeune psychologue plutôt drôle et formidable, devrais-je dire ! Non seulement l'information était-elle fascinante, mais je constatai du même coup combien elle pouvait aider mes patients. Elle était d'autant plus irrésistible que je prévoyais en tirer moi-même de nombreux bienfaits. Je n'étais pas le plus décontracté du monde. Et le fait de travailler dans un univers où la pression était forte ne faisait qu'ajouter à mon stress. Les premiers exposés apportaient déjà des réponses à ce que j'avais toujours vécu sans pouvoir l'expliquer. Et c'est ainsi que j'ai poursuivi mes recherches sur le contrôle et la théorie du stress, et la passion qui m'animait au départ ne s'est jamais démentie depuis, même après plus de vingt ans.

Avec le temps, je me suis rendu compte des effets pervers du stress sur l'ensemble de la vie de mes patients. Non seulement sur leur état de santé ou émotionnel, mais aussi sur leur énergie, leur productivité, leurs relations, leur estime de soi et leur qualité de vie. Je me suis aussi grandement amélioré en ce qui concerne le contrôle de mon propre stress.

Les déclencheurs de stress sont omniprésents autour de nous. Des gros titres des couvertures de magazines aux articles sensationalistes des journaux sur la rage au volant ; de gens qui, autour de nous, nous semblent tourmentés et pressés à la tête qui nous regarde fixement dans le miroir.

Les statistiques le confirment. Selon le magazine *Psychology Today* (numéro mars/avril 2000), les problèmes reliés au stress coûtent plus de 200 milliards de dollars aux entreprises américaines annuellement en absentéisme, demandes d'indemnisation, assurance santé et baisse de productivité. Pas moins de 40 % du roulement de la main-d'œuvre est dû au stress. Et une étude, réalisée en l'an 2000, par la Fondation des maladies du cœur révèle que plus de 40 % des Canadiens de plus de trente ans affirment avoir souvent ou presque toujours l'impression d'être écrasés par le stress au travail, à la maison ou lorsqu'il est question d'argent. Selon le docteur Rob Nolan, porte-parole de la Fondation, la plupart des Canadiens disent que « le stress joue un rôle dominant dans leur vie quotidienne ». Statistique Canada évalue à 12 milliards de dollars par année les coûts liés au stress en nombre d'heures de travail perdues. Assez impressionnant, non ?

Comme si cela n'était pas suffisant d'apprendre que les niveaux actuels de stress sont élevés, la recherche montre que seulement 26 % des Canadiens savent comment bien contrôler le leur. Selon le docteur Nolan, les gens font face au stress en adoptant de mauvaises habitudes de vie. «Environ 75 % des répondants disent que leur stratégie d'adaptation consiste à consommer des gâteries riches en matières grasses, à regarder la télévision, à fumer des cigarettes et à boire de l'alcool».

Il n'est donc pas exagéré de dire que le stress constitue un énorme problème dans notre société et que la plupart d'entre nous ne l'abordons pas de la bonne façon.

Nous vivons à une époque où le stress est roi: terrorisme international, guerres, bouleversements économiques, l'incertitude est généralisée. Il est facile de se sentir submergé et impuissant. On peut se demander si, devant des problèmes d'une telle ampleur, il est pertinent de s'attaquer aux petites difficultés de la vie quotidienne. Ironiquement, il se pourrait que ce soit plus important en période difficile. Mon opinion est que moins vous maîtrisez votre environnement extérieur, plus il est important que vous maîtrisiez votre environnement intérieur.

Aspirez à prendre les commandes des choses que vous *pouvez* maîtriser. Cela signifie la façon dont vous pensez, dont vous vous comportez et les choix que vous faites dans la vie. Si vous gérez mieux ces aspects de votre vie, vous aurez beaucoup plus d'énergie et de souplesse pour faire face aux forces extérieures plus importantes qui nous affectent tous. Et la bonne nouvelle, c'est que vous maîtrisez plus de choses que vous le croyez.

Dans les pages qui vont suivre, je vais vous montrer comment prendre les commandes de votre vie et comment gérer habilement votre stress en toute confiance. Puisse le voyage vous être agréable et bienfaisant.

Comment utiliser ce livre

Chaque chapitre commence par une histoire ou une analogie, et viennent ensuite des informations et des suggestions pertinentes. Les chapitres se terminent par des prescriptions: précises, simples, concrètes. Des choses que vous pouvez faire au cours de la semaine suivante pour mettre en pratique les idées proposées.

Mon objectif est que ce livre vous serve de guide et qu'il vous permette d'effectuer graduellement des changements qui réduiront votre stress et amélioreront votre santé.

On peut lire ce livre de trois façons. Soit d'une traite comme on le fait avec la plupart des autres livres ; soit choisir de lire les chapitres qui vous intéressent : soit vous en servir comme d'un manuel à orientation pratique, c'est-à-dire lire un chapitre par semaine et mettre ses suggestions en pratique au cours de la semaine suivante. Si vous voulez en connaître davantage sur un sujet, il y a une liste de livres recommandés, présentée par sujets, à la fin.

Quelle que soit l'approche que vous choisirez, j'espère que vous trouverez ce livre attachant, intéressant, amusant et bienfaisant, car c'est de votre vie qu'il s'agit et du stress qu'elle vous cause.

Stress, ami ou ennemi?

Salvateur mais aussi difficile à supporter

Vous savez ce que c'est! Vous êtes au volant de votre voiture, vous vous mêlez de ce qui vous regarde, vous écoutez de la musique et vous contemplez sans but précis le paysage qui vous entoure. Soudain, dans votre rétroviseur, une voiture de police s'approche rapidement, gyrophare allumé. Vous jetez un coup d'œil à l'indicateur de vitesse et constatez que vous dépassez de beaucoup la limite permise. Immédiatement, votre cœur se met à battre fort, vos muscles se tendent, vos mains serrent le volant, votre respiration se fait plus rapide, votre acuité sensorielle augmente et votre esprit s'éveille sur-le-champ (peut-être calcule-t-il le montant de l'amende qui vous attend). D'autres changements se produisent aussi en silence: une augmentation de la tension artérielle, de la glycémie et de la production de graisse, et ainsi de suite. Bienvenue dans le monde des réactions de stress.

Mais quelque chose d'inattendu se produit ensuite. Comme vous ralentissez, le policier vous rattrape, puis passe dans la voie de dépassement et continue sa route à toute vitesse. Vous constatez finalement que ce n'est pas vous qu'il pourchassait. Vous éprouvez alors un grand soulagement et vous remarquez que la réaction de stress s'estompe peu à peu en une ou deux minutes, puis vous retrouvez lentement l'état paisible dans lequel vous vous trouviez avant (ou presque).

> Le stress devient un **problème** quand il est trop **présent**, dure trop **longtemps**, ou quand il se présente trop **souvent**.

Nous avons tous déjà connu des moments où notre corps entre temporairement en « état d'alerte ». C'est là le rôle de la réaction de stress : se déclencher pour de courtes périodes de temps dans des situations de danger réel ou anticipé et cesser toute activité une fois le danger passé.

Malheureusement, dans le monde d'aujourd'hui, ce n'est pas ce qui se passe. Notre réaction de stress s'active beaucoup trop souvent et dans des situations qui ne sont pas physiquement dangereuses ou menaçantes pour la vie : heure de pointe, clients mal élevés, attente interminable au téléphone, ordinateur qui fait des siennes juste comme on finissait le travail. Nous réagissons aussi aux situations en cours : surcharge de travail, délais courts, incertitude quant à l'emploi, ennuis d'argent et difficultés relationnelles. Le résultat est que nous déclenchons notre réaction de stress beaucoup plus souvent, et pour de beaucoup plus longues périodes qu'il est naturel de le faire. La tension exercée sur le corps qui en résulte n'est pas seulement désagréable mais néfaste pour la santé.

> « N'était l'énergie que je mets dans le stress, je serais complètement à plat ! »
>
> AUTOCOLLANT POUR PARE-CHOCS

La réaction de stress nous vient des hommes des cavernes, nos ancêtres et, à cause de sa nature protectrice, elle a traversé génétiquement les millénaires (le darwinisme à l'œuvre). Pensez à un homme des cavernes devant affronter un animal sauvage ou un membre d'une tribu en guerre et vous comprendrez pourquoi la réaction de stress était si essentielle à la survie. En un instant, notre ancêtre devait mobiliser suffisamment d'énergie pour combattre la menace ou s'enfuir pour sauver sa peau. C'est le bon vieux « réflexe de lutte ou de fuite » par l'entremise de l'adrénaline, du cortisol et d'autres hormones de stress qui permettaient à nos prédécesseurs de se battre ou de fuir.

Nous avons la même réaction aujourd'hui. Et si c'est d'une extrême importance en période de crise réelle, c'est inapproprié dans la vie de tous les jours. Non seulement la plupart de nos agents stressants ne mettent pas notre vie en danger, mais répondre par la lutte ou la fuite n'est pas véritablement acceptable. Si quelqu'un vous poursuit dans une ruelle sombre, la réaction de stress pourra vous sauver la vie. Mais quand le stress vient d'un patron en colère ou de la longue file d'attente à la banque, il n'est peut-être pas favorable de frapper votre patron ou de descendre la rue à toute vitesse.

Le docteur Hans Selye, un des pères de la théorie du stress, définit ainsi le stress : « C'est la réponse non spécifique du corps à une demande quelconque qui lui est faite. » La demande peut être une menace, un défi ou un changement quelconque auquel le corps doit s'adapter.

La première chose qu'il faut noter est que la réaction de stress réside dans votre *corps* et non dans la *situation*. Le stress n'est pas votre enfant qui refuse d'aller se coucher, ni la personne qui vient de vous voler votre place de stationnement. La réaction de stress est ce qui se passe dans votre corps *en réponse* à ces situations.

Deuxièmement, la réaction de stress n'est ni bonne ni mauvaise en soi. Cela dépend des circonstances. Le stress est bon quand il nous protège en période de danger ou nous aide à nous adapter au changement. Il est inévitable et essentiel à la survie. Et il nous sert aussi de bien d'autres façons, par exemple lorsque nous étudions pour un examen ou que nous travaillons en fonction d'un délai. C'est sur lui que comptent les athlètes pour offrir une bonne performance lors d'une compétition et c'est lui qui aide les comédiens à jouer brillamment sur scène. Il nous motive et nous stimule dans notre travail, et nous permet d'être productifs et créatifs.

Le stress devient un problème quand il est trop présent, dure trop longtemps ou se produit trop souvent, c'est-à-dire quand il commence à causer des symptômes désagréables ou des dommages au corps. C'est ce stress négatif ou nuisible que le docteur Selye appelle « détresse » (distress).

> « Le stress est comme la tension pour une **corde** de violon. Pour produire un **son**, il vous faut une certaine **tension**, mais trop **brisera** la corde. »
> Anonyme

Le stress est-il un ami ou un ennemi ? L'un et l'autre selon la situation. Nous devons apprendre comment faire baisser notre stress négatif tout en maintenant les effets positifs du bon stress. J'appelle cet acte d'équilibration « la maîtrise du stress » et nous pouvons tous apprendre à mieux faire.

> **Prescription**
> • Commencez à prêter attention à vos réactions de stress, même les plus légères, dès cette semaine.
> • Notez quand elles vous sont utiles (regain d'énergie, concentration, excitation, etc.).
> • Remarquez les moments où le stress devient désagréable et pénible (tension, fatigue, manque de concentration).
> • Commencez à distinguer le bon du mauvais stress dans votre vie quotidienne.
>
> Dr David Posen

Une voiture de police dans mon rétroviseur me rend toujours nerveux, mais j'ai trouvé une façon d'éviter une réaction de stress : je conduis moins vite !

Connaissez-vous vos signes de stress ?

Comment le stress se manifeste-t-il chez vous ?

Les gens demandent souvent : «Comment puis-je savoir s'il s'agit bien de stress?» Cela me rappelle un vieux titre de chanson : «Suis-je amoureux, ou est-ce simplement de l'asthme?» Reconnaître la présence du stress est important car comment pouvons-nous y faire face si nous ne savons pas quand il se produit? Les autres se rendent souvent compte de notre stress avant nous. Ils le remarquent quand nous sommes brusques et bourrus; ils voient cette mâchoire serrée et ces poings fermés que nous, nous ne remarquons pas.

Quels sont les signes de stress que nous devons surveiller?

> La fatigue est le **symptôme** de stress le plus **courant**, mais elle est souvent **associée** à une autre cause.

Le stress présente quatre types de symptômes : physiques, mentaux, émotionnels et comportementaux.

Symptômes physiques

Dans une réaction de stress de type classique (réflexe de lutte ou de fuite), le cœur bat plus fort et plus vite (palpitations), les muscles se tendent, la respiration s'accélère, la bouche s'assèche. On peut se mettre à transpirer et avoir un nœud dans l'estomac. Tels sont les symptômes du stress aigu.

Le stress chronique se manifeste de façon légèrement différente. Quand je parcours ma liste de symptômes avec mes patients, je commence par la tête et descends jusqu'en bas. Je leur demande s'ils ont des maux de tête, des étourdissements, s'ils serrent les mâchoires ou s'ils grincent des dents, si les muscles du cou ou des épaules sont tendus ou douloureux, s'ils ont des douleurs à la poitrine, des symptômes gastriques comme des indigestions, des nausées, des crampes, s'ils sont constipés ou s'ils ont la diarrhée. Maux de dos et muscles du dos tendus sont fréquents. On peut avoir les mains moites, trembler des pieds et des mains, avoir les extrémités froides. On mentionne aussi souvent la perte ou l'augmentation de l'appétit et la baisse de la libido.

La fatigue est le symptôme de stress le plus courant, mais elle est souvent associée à une autre cause. Beaucoup de gens ont de la difficulté à dormir. L'insomnie se manifeste de trois façons : la personne a de la difficulté à s'endormir, elle se réveille souvent (marche souvent la nuit) ou bien elle se réveille tôt le matin (à 4 h 30 ou 5 h 00).

Vous aurez sans doute remarqué que tous ces symptômes peuvent aussi être causés par d'autres facteurs. La fatigue peut être une conséquence du diabète ou de l'anémie ; les battements de cœur rapides peuvent être causés par une thyroïde hyperactive. Vous aurez peut-être besoin qu'un médecin vous aide à déterminer si vos symptômes sont liés ou non au stress. Cependant, vous pouvez apprendre à détecter des types ou des groupes de symptômes dont la cause est généralement associée au stress.

Symptômes mentaux

Avez-vous de la difficulté à vous concentrer ? Il s'agit là d'un symptôme fréquent de stress. Je demande à mes patients s'ils ont des troubles de mémoire. De temps en temps, on me dit : « Quelle était la question déjà ? » Je leur demande s'ils ont de la difficulté à prendre des décisions. Un jour, un patient se tournant vers son épouse m'a répondu : « Je ne sais pas. Est-ce que j'ai de la difficulté à prendre des décisions chérie ? » Votre tête peut être bouillonnante d'idées ou vide. Pour un politicien en vue, ce fut son sens de l'humour, habituellement formidable, que le stress lui a fait perdre.

Symptômes émotionnels

Il est courant pour les personnes stressées de se sentir nerveuses, anxieuses, tendues, agitées, à bout, inquiètes. Elles peuvent se sentir irritables, frustrées, impatientes ou soupe au lait. D'autres peuvent fonctionner au ralenti, se sentir à plat, indifférentes, déprimées, tristes ou avoir le cafard.

Symptômes comportementaux

Quand j'étais jeune, je frétillais souvent du genou. Ça exaspérait ma sœur à table. Souvent, elle mettait fermement sa main dessus pour l'arrêter. Or deux choses me fascinent dans ce souvenir : tout d'abord, je n'étais absolument pas conscient de cette réaction ; ensuite, il m'était impossible de faire bouger mon genou aussi vite volontairement. Cette habitude était le résultat de l'énergie excessive liée au stress que le corps essayait de libérer dans l'activité musculaire. Certaines personnes bougent sans arrêt, d'autres font les cent pas. Parmi les autres symptômes comportementaux, mentionnons : l'onychophagie (se ronger les ongles), manger de façon compulsive, la cigarette, l'alcool, parler fort, blâmer les autres ou jurer.

Le stress peut se manifester de dizaines de façons. Mais la plupart des gens présentent cinq ou six symptômes qui leur sont caractéristiques, leur propre galaxie de symptômes qu'ils peuvent apprendre à reconnaître. J'ai des douleurs au bas du dos mais rarement des céphalées. D'autres peuvent avoir des maux de tête mais jamais de douleur thoracique. Vos réactions sont généralement les mêmes chaque fois et vous pouvez apprendre à les détecter. Ce serait si simple si nos signes étaient clairs, par exemple, si de la fumée sortait de nos oreilles, si nos mains devenaient rouge vif ou nos cheveux se tenaient tout droits sur notre tête. Mais si nous apprenons comment reconnaître notre profil personnel de stress, nous pouvons devenir aussi efficaces à le détecter que si nous avions de la fumée qui nous sortait des

> « Ce type était tellement **tendu** que même ses **cheveux** l'étaient. »
> ANONYME

oreilles. Et savoir reconnaître quand nous sommes stressés est la première chose à faire pour nous en sortir.

Prescriptions

• Aujourd'hui, jour d'inventaire. Pensez aux symptômes que vous avez lorsque vous vous sentez stressé ou contrarié. Écrivez-les.

• Au cours des prochains jours, observez votre corps chaque fois que vous êtes en situation de stress. Notez les signes subtils que vous n'aviez peut-être pas remarqués avant.

• Demandez aux membres de la famille et à vos amis proches ce qu'ils perçoivent chez vous lorsque vous êtes stressé. Quels signes détectent-ils que vous n'aviez pas remarqués ?

• Exercez-vous à reconnaître ces symptômes (sans devenir paranoïaque).

Dr David Posen

« Suis-je amoureux, ou est-ce simplement de l'asthme ? » était une de ces chansons si mauvaises qu'elles en sont bonnes. Un autre de mes titres de chansons préférés est : « Comment peux-tu me manquer si tu ne t'en vas pas ? »

D'où vient le stress?

Il trouve sa source tout autour de nous

Examinez les deux scénarios suivants. Dans le premier, je suis dans une pièce du service des urgences de notre hôpital avec un patient qui devient agressif et affiche un regard menaçant. Par malheur, il se trouve entre moi et la porte de sorte que je me sens un peu coincé. Me sentant menacé et en danger, ma réaction de stress est immédiate. Je finis, heureusement, par le calmer et me dirige vers la sortie.

Scénario numéro 2 : je suis à bord d'un taxi en direction de l'aéroport. Il est six heures du matin, je suis calme, détendu et presque assoupi quand, tout à coup, je me rappelle une chose que j'ai oubliée de faire la journée précédente. Constatant mon omission et pensant aux conséquences qui en découleront, paf! une réaction de stress se déclenche. Dans les deux cas, elle est de courte durée et l'une est beaucoup plus forte que l'autre. Mais toutes deux se déclenchent à la suite de situations totalement différentes : celle-là par une menace extérieure, celle-ci par une pensée spontanée intérieure.

Une fois que vous savez qu'il s'agit de stress, la prochaine question qui se pose est : « D'où vient-il ? » Le docteur Hans Selye appelle ces sources de stress « agents stressant » (stressors) ou « déclencheurs de stress » (triggers). La classification suivante vous sera utile.

> Ce qui est **normal** pour une personne peut être **terrifiant** pour une autre.

Causes physiques ou environnementales

Les menaces physiques à votre sécurité viennent au premier rang. Ensuite, les autres « stresseurs » (en français, nous utiliserons ici l'expression *facteurs d'agression*) physiques peuvent comprendre le bruit, les grosses foules ou les lieux où le désordre règne. J'ai des patients qui prennent l'escalier pour venir à mon bureau, situé au quatrième étage, parce qu'ils se sentent claustrophobes dans l'ascenseur. Certaines personnes ressentent du stress en avion. D'autres en éprouvent dans les hauteurs. À l'âge de neuf ans, j'ai escaladé une tour de garde forestier d'une hauteur de 35 mètres. Tout allait bien jusqu'à ce que, aux trois quarts de l'ascension, je jette un coup d'œil à la forêt en bas. La peur m'a soudainement paralysé quand j'ai constaté à quel point j'étais haut. Je n'ai jamais plus répété l'exploit! Je trouve aussi un peu stressant de travailler dans une pièce sans fenêtre.

Certaines personnes sont stressées dans certaines circonstances, d'autres non. Tout comme les symptômes de stress, les agents stressants diffèrent d'une personne à l'autre, et ce qui est normal pour une personne est terrifiant pour une autre.

Facteurs d'agression sociaux

Comme il est agréable d'écouter quelqu'un parler sans arrêt, d'être incapable de placer un mot! Et que dire des gens impolis et condescendants qui n'ont d'intérêt que pour leur petite personne? L'interaction avec les autres membres de la société constitue l'une des sources de stress les plus courantes, c'est-à-dire les difficultés relationnelles, les conflits avec les compagnons de travail ou le patron, ou les querelles avec les voisins. La présence de certaines personnes suffit parfois à vous stresser. Souvent, c'est un certain type de personne qui semble faire monter votre niveau de stress, parfois ce sont des caractéristiques plus générales : les personnes agressives, qui trouvent à redire, qui sont bruyantes, arrogantes, peu fiables, négatives ou même ennuyeuses. C'est à se demander comment on fait pour vivre ensemble.

> « **Leçon** de physique : quand on plonge un **corps** dans l'eau, le **téléphone** sonne. »
>
> ANONYME

Facteurs d'agression institutionnels

Ce sont les règles et les règlements des organismes ou de la société en général qui comprennent les restrictions arbitraires, la paperasserie administrative, les délais de livraison, l'obligation de répondre avec empressement (souvent à cause de la technologie), de passer par la voie hiérarchique, les formalités inutiles. Les politiques du bureau et les réunions interminables viennent en tête de liste.

Événements majeurs de la vie

Ce sont les changements qui se présentent au cours d'une vie et qui peuvent engendrer beaucoup de tension pendant des mois, voire des années, selon la situation. En haut de la liste se trouve le décès d'un conjoint, d'un enfant ou d'un parent. Suivent ensuite la perte d'un emploi, un déménagement dans une autre ville, une séparation ou un divorce, et le fait d'être victime d'un acte criminel ou d'avoir un grave accident de voiture. Les événements majeurs de la vie peuvent être stressants même quand ils sont positifs. En l'espace de quatorze mois, je me suis marié, j'ai acheté une maison, j'ai eu un enfant (enfin, mon épouse a eu un enfant) et j'ai changé de carrière. Que du positif, mais stressant tout de même.

Sans compter que les effets des différents événements sont cumulatifs, de sorte que perdre un emploi en même temps qu'une personne chère crée un effet beaucoup plus grand que de perdre l'un ou l'autre.

Les contrariétés de la vie quotidienne

Si vous voulez voir une authentique réaction de stress, regardez une personne au moment où elle constate qu'elle a perdu ses clefs ou son porte-monnaie. On la croirait en état de choc. Elle accélère le rythme, revient sur ses pas, cherche dans tous les coins. La perte d'un objet ne constitue pas un événement majeur mais peut déclencher une réaction de stress assez impressionnante. C'est le psychologue Richard Lazarus qui, en 1970, a consacré l'expression « contrariétés de la vie quotidienne » (*daily hassles*) pour décrire des situations banales relativement frustrantes qui se produisent ou se répètent dans la vie de tous les jours. La recherche a montré que ces situations étaient de meilleurs « précurseurs » de réactions de stress et de problèmes de santé que ne le sont les événements majeurs de la vie. L'augmentation des prix, l'entretien de la maison, la surcharge de travail, la peur d'être victime d'un acte criminel, la conduite aux heures de pointe, les tâches domestiques répétitives, les difficultés associées à l'éducation des enfants et les problèmes de santé sont des exemples de contrariétés de la vie quotidienne.

Prescriptions

• Prenez une feuille de papier et dressez l'inventaire. Écrivez les cinq catégories et énumérez sous chacune les sources de stress dans votre vie.
• Surveillez vos réactions tout au long de la semaine. Remarquez dans quelles circonstances vous êtes contrarié et ce qui déclenche le stress. Ajoutez l'information à votre liste.
• Notez tous les petits irritants et les légères contrariétés auxquels vous avez à faire face tous les jours. Écrivez-les.
• Choisissez un facteur d'agression physique auquel vous pouvez apporter des changements ou que vous pouvez éliminer, et intervenez.
• Choisissez un facteur d'agression social et prenez des dispositions concrètes pour réduire au minimum son effet sur vous.

DR DAVID POSEN

Ces sources de stress sont extérieures. La liste des sources intérieures est encore plus longue !

Sources intérieures de stress

Nous créons nous-mêmes une grande partie de notre stress

Un homme me confiait les problèmes qu'il avait au travail. Nous avons élaboré un plan d'action : il parlerait de ce dont il se plaignait au patron et lui demanderait que des changements soient apportés. Tout se déroula comme prévu ! Son patron s'est montré réceptif, d'un grand soutien et a fait les changements qui s'imposaient. Tout est bien qui finit bien, direz-vous ? Eh bien, pas exactement.

Un problème n'était pas entièrement résolu et il décida d'en faire son centre d'intérêt. Il s'est aussi mis à ruminer ce qui s'était passé et à douter que les solutions apportées puissent durer. Je lui ai genti-

> Nous avons tous une **petite voix** dans la **tête** qui nous **parle.**

ment répondu qu'il y avait de bonnes nouvelles malgré tout, des signes positifs, qu'il devrait s'en réjouir, mais il a quand même continué à lutter et à s'en faire. Je lui ai dit qu'il était peut-être l'artisan de son propre malheur et que la source de son stress n'était peut-être plus la situation qui prévalait à son travail, mais la voix à l'intérieur de sa tête.

Si vous demandez aux gens d'où vient leur stress, la plupart vous mentionneront une source extérieure comme les délais courts, les voisins bruyants, la densité de la circulation automobile ou les appels des agents de télémarketing à l'heure du souper. Vous serez toutefois surpris d'apprendre que la source de stress *la plus courante,* c'est vous-même. Nous créons la plus grande partie de notre malheur. Quand je dis cela à mes patients, ils réagissent généralement de deux façons. Ou bien ils acquiescent d'un signe de tête, ce qui est le cas pour la plupart d'entre eux, et me disent : « Oui, je sais, je suis mon pire ennemi. » Ou bien ils pensent que je les tiens responsables et répondent : « Oh ! je vois, non seulement je me sens minable mais en plus vous me dites que c'est ma faute. Merci de me faire du bien ! » Je les rassure ensuite sur la nature positive et constructive de mes propos. Mon hypothèse est que si *nous* créons une bonne partie de notre détresse, *nous* devrions être en mesure de faire quelque chose pour *nous* en sortir. Nous ne maîtrisons pas le comportement des autres, le temps ou l'économie, mais nous sommes bel et bien maîtres de nous-mêmes. Par conséquent, il est logique de commencer par nous attaquer à nos agents stressants intérieurs pour réduire notre stress général.

Nous avons tous une petite voix dans la tête qui nous parle (vous serez peut-être soulagé d'apprendre que vous n'êtes pas le seul dans ce cas).

C'est la voix qui vous dit peut-être en ce moment : « Qu'est-ce qu'il raconte ? » ou « Oh oui, je vois ce que vous voulez dire. » Aussi appelée « autosuggestion » ou « magnétophone intérieur », la voix fait des commentaires sur tout ce qui se passe (tel un comité de rédaction, le chœur grec, la section des félicitations, de la critique). Certains de ses messages sont positifs : « Cette chemise me va à merveille ! » ou « Quelle magnifique journée, il faut que je sorte ! » Cependant, beaucoup de ses commentaires sont négatifs : « Pauvre con ! t'as raté cette vente ! » ou « Ces gens-là sont à mourir d'ennui. »

Face à certaines situations, nous exprimons notre stress par notre voix intérieure : « Le service est pourri dans ce restaurant » ou « Pour qui se prend-il ? On ne me parle pas sur ce ton ! » Mais nous ne faisons pas que réagir aux événements réels, nous ressentons aussi du stress face à ce qui *pourrait* arriver, quand nous nous faisons du souci au sujet du marché boursier ou d'un examen imminent par exemple. C'est ce qu'on appelle le « stress par anticipation ».

> « Le stress **fait partie** de la vie mais ne doit **pas** devenir une **façon de vivre.** »
>
> ANONYME

Nous réagissons même à des choses qui *ne se produisent pas* comme, par exemple, lorsque nous ne sommes pas invités à une soirée ou que quelqu'un ne nous rappelle pas. Nous pouvons aussi être contrariés par quelque chose qui est arrivé il y a longtemps et qui déclenche une réaction de stress semblable à celle qui s'est produite à l'époque.

Parfois, nous nous sentons stressés, non pas parce que ce qui arrive est si terrible, mais parce que c'est en deçà de ce à quoi nous nous attendions. Par exemple, une patiente se sentait nulle après avoir prononcé un discours. Elle m'a dit : « Ma présentation n'a pas été mauvaise, mais j'aurais aimé qu'elle soit plus percutante. J'espérais faire un coup de circuit, mais j'ai dû me contenter d'un double. »

Ce sont là des exemples de ce que peut faire la petite voix intérieure fautrice de troubles. Et comment qu'elle peut nous rendre la vie plus difficile ! Ajoutez à cela la surconsommation de caféine, un horaire surchargé, un certain endettement et vous commencez à vous rendre compte combien il est facile de créer son propre stress.

Si cette liste vous semble décourageante, ne vous en faites pas. Premièrement, sachez que vous n'êtes pas seul. Deuxièmement, reconnaissez qu'être conscient du problème est la première chose importante à faire pour s'en sortir. Troisièmement, consolez-vous en vous disant que si vous êtes à l'origine du problème, vous êtes en bonne position pour le régler.

Prescriptions

• Commencez à remarquer chacune de vos contrariétés ou réactions de stress cette semaine. Soyez à l'écoute de votre voix intérieure et percevez bien ce qu'elle dit. Écrivez des exemples de commentaires.
• Examinez la liste et voyez si des commentaires d'un type particulier se dessinent. La voix critique-t-elle ? Est-elle effrayée ? Se plaint-elle ?
• Demandez à des membres de la famille ou à des amis proches ce qu'ils en pensent. Remarquent-ils des commentaires de type négatif de votre part ?
• Cherchez d'autres facteurs d'agression dont vous êtes le créateur : fixez-vous vos rendez-vous trop près les uns des autres, de sorte que vous n'avez pas le temps de souffler ? Maintenant que vous avez reçu votre compte Visa, aviez-vous vraiment besoin de ces nouveaux vêtements ? Écrivez-les.

DR DAVID POSEN

La bonne nouvelle à propos du stress que vous vous créez vous-même, c'est que vous pouvez régler le problème. Nous avons plus de maîtrise sur nous-mêmes que nous le croyons.

La relation de l'esprit et du corps

D'où le stress vient-il vraiment ?

Les détails sont flous mais c'est arrivé à peu près comme ceci : je marchais dans un parc de stationnement lorsqu'une voiture s'est approchée. Je m'attendais à ce qu'elle s'arrête, mais elle s'est plutôt mise à accélérer. Un instant, la peur m'a paralysé. Mon cœur s'est mis à battre très fort, tout mon corps était tendu et mon esprit a figé le temps de quelques secondes. Je me suis alors aperçu que le conducteur était un ami et qu'il riait. Constatant que le danger était disparu, je me suis aussi mis à rire... de soulagement surtout. C'est un exemple typique de la façon dont notre corps réagit aux situations jugées dangereuses. Une réaction de stress est tout de suite déclenchée pour nous donner l'énergie nécessaire à combattre la menace ou à la fuir.

Cette histoire illustre un point important et surprenant : les événements et les situations sont rarement la cause du stress (sauf dans des cas manifestes comme une agression en pleine rue ou une perte de contrôle en voiture). Deux illustrations suffisent à le prouver. D'abord, pensez à une situation qui vous aurait contrarié la première fois que vous l'avez vécue, mais pas la deuxième une semaine plus tard (par exemple, des enfants qui flânent ou quelqu'un qui frappe à la porte à l'heure du souper). Ou encore, pensez à une situation mettant en scène un groupe de personnes ; vous remarquerez que ce n'est pas tout le monde qui réagit de la même façon. Prenons comme exemple un retard de vol dans un aéroport. Certaines personnes en seront irritées, d'autres hausseront simplement les épaules et retourneront à leur lecture, d'autres encore iront se chercher un coupon donnant droit à un verre au bar et s'y rendront le sourire aux lèvres. Si l'événement ou la situation *causait vraiment* le stress, tout le

> « Ce n'est pas tant ce qui vous **arrive** qui importe, mais la façon dont vous y **réagissez.** »
>
> Dr Hans Selye

monde serait contrarié tout le temps. Manifestement, quelque chose d'autre est en jeu ici. Le docteur Hans Selye a bien résumé ce phénomène quand il a dit : « Ce n'est pas tant ce qui vous arrive qui importe, mais la façon dont vous y réagissez. »

Un psychologue américain, le docteur Albert Ellis, a abordé cette question dans sa théorie qu'il a appelée « Rational Emotive Therapy » (dans *A Guide to Rational Living,* d'Albert Ellis et Robert A. Harper), pour nous aider à comprendre ce qui se passe entre un événement et une réaction de stress.

Je résume la théorie dans le diagramme suivant que j'appelle « le mécanisme du stress » :

Mécanisme du stress

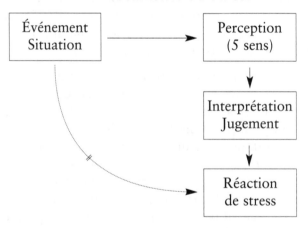

Le mécanisme du stress comporte quatre étapes. Un événement ou une situation se produit qui est perçu par nos cinq sens. Nous traitons ensuite intellectuellement l'information et jugeons ou interprétons ce qui s'est passé. Nous donnons alors un sens à l'événement, qui devient notre « réalité ». Enfin, notre corps répond à l'*interprétation* par une réaction de stress. Le processus est si rapide qu'il nous semble que la réaction de stress est causée par la situation. Mais quand nous y regardons de près, nous voyons ces étapes intermédiaires. Nous ne réagissons pas à la situation, mais à ce que *nous pensons* de la situation.

Voici un exemple. Vous êtes dans un restaurant, vous attendez un ami auquel vous avez fixé rendez-vous à 13 h 00 pour dîner. J'arrive à 13 h 25. Votre ami ne s'est pas encore présenté. Je remarque que vous semblez contrarié. Je vous demande ce qui ne va pas et vous me répondez : « Simon devait me rencontrer ici à 13 h 00 et il n'est pas encore là. » Curieux de connaître la façon dont vous interprétez cette situation stressante, je vous demande : « Pourquoi cela vous frustre-t-il ? » Vous voulez sans doute me dire : « Vous ne devinez pas un peu ? »

Mais au lieu de cela, vous me donnez le compte rendu de votre conversation avec vous-même : « C'est impoli de faire attendre les gens. Je commence à avoir faim. Il faut que je parte à 14 heures. Maintenant je vais devoir manger à toute vitesse au risque de mal digérer par la suite. Il se fiche de me faire perdre mon temps. Je ne suis pas assez important pour lui. Je ne supporte pas les retardataires. C'est un manque de respect. J'ai l'air de quoi ! Le garçon est de mauvaise humeur parce que j'accapare sa table. » Ou votre interprétation peut être de nature anxieuse : « Il est peut-être arrivé quelque chose. Il a peut-être eu un accident. » Enfin, vous êtes peut-être stressé parce que vous doutez de vous-même : « Je me suis peut-être mal exprimé. Ce n'était peut-être pas aujourd'hui. Je ne suis peut-être pas dans le bon restaurant. »

Mais retournons au mécanisme du stress. Objectivement, Simon ne s'est pas encore montré. Mais votre réaction de stress n'est pas le résultat de son retard. Elle est le résultat de ce que vous pensez de son retard (c'est-à-dire de quelque chose qui est fondé sur des suppositions, des conjectures et non sur des faits). Vous interprétez les raisons de son retard et vous réagissez au jugement qui en découle.

> « Nous ne **voyons** pas le **monde** tel qu'il est, mais tel que nous sommes. »
>
> ANONYME

Note : ce ne sont pas *tous* les commentaires intérieurs qui sont négatifs. Tout bien considéré, vous êtes votre meilleur ami ! Nous formulons beaucoup de commentaires intérieurs positifs qui nous encouragent et nous donnent de l'énergie. Mais ce sont les *négatifs* qui causent le stress.

Analyser votre conversation intérieure ne réduira pas toujours votre stress. Mais comprendre d'où il vient est un premier pas important dans la bonne direction.

Prescriptions

- Si quelque chose vous contrarie cette semaine, trouvez ce que c'est. Soyez à l'écoute de votre voix intérieure.
- Demandez-vous : « Pourquoi suis-je contrarié ? » Pourquoi cela me pose-t-il problème ? » « Qu'est-ce qui me dérange vraiment dans cette situation ? »
- Faites-le par écrit. C'est plus fort et cela vous donne la possibilité d'y revenir.
- Notez si votre niveau de stress a baissé après avoir compris la raison de votre contrariété.

DR DAVID POSEN

Oh ! À propos, la personne retardataire a peut-être eu une urgence de dernière minute au bureau, ou est peut-être restée prise dans un bouchon de circulation, ou n'a peut-être pu trouver un stationnement, ou s'est peut-être arrêtée en route pour vous acheter un cadeau et n'a pas vu le temps passer !

Facteurs influençant nos interprétations stressantes

Que dit votre voix intérieure?

U ne nuit, en 1987, notre téléphone a sonné à 1 h 30 du matin. Rien pour stupéfier un homme, mais j'ai pourtant réagi ainsi. Le téléphone de la chambre à coucher était débranché, et parce que j'émergeais d'un profond sommeil, il m'a fallu un certain temps avant de me rendre compte que le lointain bruit en provenance de la cuisine était une sonnerie. Dès que j'ai pris conscience qu'il s'agissait du téléphone, une véritable réaction de stress s'est déclenchée dans mon corps. Mon cœur battait la chamade et j'avais du mal à mettre la fiche dans la prise parce que ma main tremblait. Cette réaction ne me ressemblait pas du tout. Il y avait dix-sept ans que j'étais médecin de famille et mon téléphone sonnait souvent au milieu de la nuit. Ce n'était pas agréable (le terme est faible), mais je n'avais jamais eu de telle réaction de stress. Il faut dire que la situation était différente en 1987. Tout d'abord, puisque j'avais abandonné la pratique de la médecine générale en 1985, notre téléphone ne sonnait plus après 23 h 00. Ensuite, ce qui constitue une donnée d'importance, nous avions un proche parent à l'hôpital. J'ai tout de suite pensé que quelque chose de grave venait de se produire.

Ainsi que le chapitre précédent le souligne, la situation elle-même est rarement responsable du stress. Elle peut *déclencher*

> Ce que nous nous demandons surtout est « Suis-je en **danger** ou non ? » Si la réponse est oui, notre corps déclenche une **réaction** de stress. Si nous jugeons que nous ne sommes pas **menacés**, nous retrouvons généralement notre **calme**.

21

le stress, mais la véritable cause est cette voix dans notre tête qui interprète les événements et leur donne un sens au moment où ils se produisent.

Nos interprétations ne nous arrivent pas comme ça tout droit du néant. Elles sont fondées sur un certain nombre de facteurs dont les expériences passées et les circonstances ou le contexte actuels, ou influencés par eux. Avant, quand mon téléphone sonnait après minuit, il ne me causait pas de stress. Mais parce que j'avais abandonné la médecine générale depuis deux ans, un coup de téléphone au milieu de la nuit était devenu une chose inhabituelle. Parce qu'un proche était malade, mon esprit et mon corps ont immédiatement sauté aux conclusions.

Voici une autre illustration du mécanisme du stress (voir page 18) : la façon dont les gens réagissent lorsqu'une sonnerie d'incendie se déclenche.

L'événement est une sonnerie d'incendie que tous entendent. Mais ce ne sont pas toutes les personnes qui réagissent de la même manière. Certaines sont indifférentes alors que d'autres trouvent la chose plutôt excitante. Certaines se réjouissent parce qu'elles voient l'alarme comme une occasion de quitter momentanément le travail, d'autres sont stressées et même en état de panique. Ce type de réponse est grandement influencé par les expériences passées. Si les alarmes d'incendie que vous avez entendues n'ont toujours été que de fausses alarmes ou des exercices d'incendie, il est probable que vous réagirez avec indifférence. Mais deux de mes patients m'ont dit qu'ils étaient extrêmement stressés quand ils entendaient une alarme d'incendie. L'un deux avait un père pompier ; l'autre avait perdu un proche parent dans l'incendie de sa demeure.

Les circonstances présentes influencent aussi nos interprétations. Des alarmes d'incendie se sont déclenchées à plusieurs reprises alors que j'étais assis à la cafétéria de notre hôpital. J'étais assis au rez-de-chaussée, près d'une grande fenêtre et tout près d'une porte de sortie. J'ai évalué la situation et j'en ai conclu que je ne courais aucun danger. J'ai donc continué d'apprécier mon repas comme tous mes compagnons de table. Cependant, nous avons réagi différemment le jour où nous avons vu un camion d'incendie arriver sur les lieux.

J'ai aussi réagi différemment lorsqu'une alarme d'incendie s'est fait entendre au milieu de la nuit un jour que j'étais au neuvième étage d'un hôtel de Toronto. Je n'ai pas paniqué, mais mon épouse et moi avons pris la chose au sérieux et nous sommes descendus par les escaliers jusqu'en bas. Par bonheur, ce n'était rien de grave. Il y a un petit côté amusant à cette histoire : lorsque nous sommes arrivés dans le hall, bondé de clients à moitié endormis et de dames en bigoudis, nous avons été surpris de voir de nombreux petits animaux domestiques que les visiteurs avaient fait entrer en douce malgré l'interdiction. Quelques clients eurent, par ailleurs, l'air très embarrassé car la personne qui les accompagnait n'était pas leur épouse. Je crois que ces clients étaient un peu stressés.

Donc, notre réaction de stress ne résulte pas de ce qui arrive mais de ce que nous pensons que l'événement signifie. Ce faisant, nous tenons compte de beaucoup de choses, des conditions du moment, de la similarité avec des situations passées, de nos croyances, de nos peurs et de nos attentes, et nous faisons cela très rapidement. Ce que nous nous demandons surtout est « Suis-je en danger ou non ? » Si la réponse est oui, notre corps déclenche une réaction de stress. Si nous jugeons que nous ne sommes pas menacés, nous retrouvons généralement notre calme.

Il y a aussi deux autres importantes évaluations dont nous tenons compte : 1) avoir l'impression de perdre le contrôle (votre ordinateur tombe en panne, par exemple, ou vous tombez dans un bouchon de circulation alors que vous êtes pressé) engendre d'habitude un certain degré de stress dans le corps ; 2) tout ce qui menace votre amour-propre (par exemple, lorsque quelqu'un est furieux contre vous ou critique votre comportement) sera vécu sous forme de stress, dût-il être de courte durée.

> « La **réalité** est une intuition **collective**. »
> LILY TOMLIN ET JANE WAGNER

Prescriptions

• La prochaine fois que vous aurez une réaction de stress, peu importe son intensité, arrêtez-vous et analysez ce que vous pensez de la situation.
• Identifiez votre voix intérieure. Demandez-vous : « Pourquoi cela me pose-t-il problème ? Qu'est-ce qui me dérange vraiment ? »
• Puis allez un peu plus en profondeur. Demandez-vous :
    - Cela me rappelle-t-il quelque chose que j'ai vécu dans le passé ?
    - Des peurs, des croyances ou une insécurité sont-elles en cause ici ?
    - Ai-je l'impression qu'on porte atteinte à mon image ou que l'on menace mon amour-propre ?
    - Ai-je l'impression d'être intimidé ou rejeté ?

Ce type d'éclairage est très utile pour comprendre et désamorcer les réactions de stress.

Dr David Posen

Au fait, le coup de fil à 1 h 30 du matin était un faux numéro. Depuis ce temps, quand le téléphone sonne au milieu de la nuit, j'essaie de me dire « C'est un faux numéro ! » plutôt que « Oh ! mon Dieu, j'espère que ce n'est rien de grave ! »

La fascinante histoire
de la théorie du stress

L e docteur Hans Selye est reconnu mondialement comme l'un des pères de la théorie du stress avec le docteur Walter Cannon. Il est né à Vienne en 1907 et a déménagé au Canada en 1932 où il a occupé un poste de professeur à l'Université de Montréal.

Le docteur Selye a développé son concept de stress alors qu'il était étudiant en médecine à Prague dans les années 1920. Il a su percevoir quelque chose que ses compagnons d'étude ne voyaient pas encore. L'enseignement médical d'alors consistait principalement à acquérir des connaissances sur les différentes maladies et à savoir les distinguer les unes des autres par l'analyse détaillée de leurs caractéristiques propres. (Je me souviens si bien de ces années de médecine.) Un patient souffrant d'une pneumonie ne se présentait pas de la même manière qu'une personne atteinte de tuberculose, ou ayant une insuffisance cardiaque ou un cancer. Pendant que tout le monde se concentrait sur les *différences* entre les diverses maladies, Selye, lui, fut frappé par les *similitudes* qu'elles présentaient. Son génie fut de voir plus loin que les autres.

> Pendant que tout le monde se concentrait sur les *différences* entre les diverses maladies, Selye, lui, fut frappé par les *similitudes* qu'elles présentaient.

En 1926, alors qu'il était en deuxième année de médecine, il se rendit compte, en faisant ses visites, que tous les patients avaient une apparence remarquablement semblable : ils étaient faibles, fatigués, indifférents, amorphes, présentaient souvent une atrophie musculaire, un certain amaigrissement, et avaient la même expression sur la figure indiquant qu'ils étaient malades. Il appela cet ensemble de caractéristiques « syndrome général de la maladie ». Son esprit curieux commença à chercher les éléments communs affectant tous ces patients. (Ses compagnons d'études devaient probablement travailler fort tandis que lui avait plutôt l'air de passer son temps à rêver.) Il en vint finalement à isoler la réaction de stress comme une des causes de la plupart des maladies ou un des facteurs les favorisant.

> Si la réaction au stress dure trop **longtemps**, elle est **néfaste** pour le corps et mène à la **maladie**.

Les observations de Selye correspondaient aux théories du docteur Walter Cannon, physiologiste à Harvard, qui avait antérieurement isolé un phénomène auquel il avait donné le nom de « réflexe de lutte ou de fuite » (la réponse du corps à l'impression d'être menacé ou en danger). Mais si Cannon voyait dans le réflexe de lutte ou de fuite un mécanisme positif par lequel le corps se protégeait, Selye est allé un peu plus loin. Il a constaté que si la réaction de stress durait trop longtemps, elle était néfaste pour le corps et conduisait à la maladie.

Une autre des découvertes uniques et importantes de Selye est que la réponse de stress à l'intérieur du corps est la même quelle que soit la cause ou la source du stress (il appelle ces sources agents stressants ou « stresseurs »). Ses expériences sur les rats, en 1936, ont montré que divers « stresseurs » tels le froid, le chaleur, l'infection, un traumatisme, une hémorragie, la peur ou l'injection de substances nocives produisent tous le même effet. (Le docteur Robert Sapolsky note dans son merveilleux livre intitulé *Why Zebras Don't Get Ulcers* que les rats avaient un autre « stresseur » contre lequel se battre : le docteur Selye qui leur courait après dans le laboratoire !) Quand les rats furent examinés ultérieurement, leur glandes surrénales étaient enflées et hyperactives, leur tissu immun ratatiné (thymus et ganglions lymphatiques) et ils avaient tous des ulcères gastro-intestinaux. Il venait de créer un modèle expérimental du « syndrome général de la maladie ». Il a d'abord appelé cette réaction « syndrome produit par divers agents nocifs », mais plus tard, quand il a constaté qu'un grand nombre de « stresseurs » produisaient la même réponse, il l'a nommée syndrome général d'adaptation (SGA).

La théorie de Selye était que la réserve d'hormones de stress du corps finissait par s'épuiser et que cet état d'épuisement menait à la maladie. Cependant, Sapolsky note que de nouvelles preuves démontrent que ces très importantes hormones ne s'épuisent pas. C'est plutôt la réaction de stress elle-même qui est, en fait, néfaste pour le corps après une exposition prolongée.

Par conséquent, la bonne nouvelle est que notre corps nous protège admirablement quand il déclenche une réaction de stress en réponse aux diverses menaces physiques. La mauvaise est que la réaction de stress ne peut durer trop longtemps. Le corps finit par en souffrir, par développer une maladie ou par en mourir. En d'autres termes, nous sommes avantagés lorsque notre corps entre dans un état de vif éveil pour faire face à une crise particulière, mais nous en payons le prix si cet état d'éveil se poursuit trop longtemps. Comme il arrive souvent, trop d'une bonne chose finit par être néfaste. Heureusement, il y a beaucoup de choses que nous pouvons faire pour éviter les problèmes qu'engendre le stress chronique et mieux faire face à la situation.

> « Le stress est le **piquant** de la vie, sans lui, la vie manque d'**excitation**, de défi, d'**aventure**. »
> Dr Hans Selye

Attentes irréalistes

Quelles étaient vos attentes?

Lorsque nous avons décidé de rénover notre cuisine, nous nous sommes demandé ce que nous allions faire des vieilles armoires. On nous avait dit qu'un brocanteur les rachetait et qu'ils nous en donnerait peut-être 500 $ ou 600 $. Quand il nous a offert 900 $, c'était tellement plus que ce à quoi nous nous attendions que nous avons accepté sur-le-champ. Je ne sais toujours pas aujourd'hui si c'était une bonne affaire, mais c'était plus que ce que nous espérions, alors nous étions contents.

Inversement, dans de nombreuses réactions de stress, ce n'est pas l'événement lui-même qui nous contrarie, mais où il se situe par rapport à nos attentes. Et lorsque ces attentes sont irréalistes, il est presque certain que nous serons déçus, frustrés ou même furieux.

> « Je m'efforce d'être **médiocre**. De cette façon, j'atteins toujours mon **but**. »
>
> BOB FULLER

Une femme se plaignait de ce que son mari, dont elle s'était récemment séparée, n'appelait pas ou ne voyait pas souvent les enfants. Je lui ai demandé combien de temps il passait avec les enfants avant qu'ils se séparent. « Pas beaucoup, et c'est une autre chose qui me met hors de moi », m'a-t-elle répondu. J'ai poursuivi : « Pourquoi vous attendez-vous à ce que votre mari s'intéresse plus aux enfants maintenant qu'il le faisait lorsqu'il habitait avec vous ? » Elle n'a su que répondre. Je lui ai dit : « Je crois que vos attentes sont tout à fait raisonnables, mais elles sont irréalistes compte tenu des antécédents de votre mari en la matière durant toutes ces années. Je ne pense pas qu'un telle chose puisse se produire. Et plus vous espérerez ce genre de réponse de sa part, plus longue sera votre frustration. » Elle approuva et sa colère se dissipa lentement. Même si son comportement ne lui plaisait pas, que la réalité corresponde à ses attentes lui a permis de réduire son stress.

Nous avons tous des attentes, par rapport à des situations, à des personnes ou à nous-mêmes. Mais quand elles sont irréalistes, c'est comme si nous nous tendions nous-mêmes un piège sans le savoir.

Attentes irréalistes

En regard des situations

La moindre panne d'ordinateur vous contrarie-t-elle ? Êtes-vous exaspéré quand la ligne d'aide du fabricant vous met en attente pendant dix minutes ? Et quand, en voiture, le signal de votre téléphone s'interrompt ou coupe par intermittence dans un tunnel ou par mauvais temps ? Comment vous sentez-vous quand votre vol est retardé, une fois de plus ? Ce sont là quelques-unes des réalités de la vie à l'âge de la technologie. Mon fils, alors âgé de douze ans, comprenait mieux que moi la situation quand je m'impatientais à cause de l'ordinateur : « Papa, ne te fâche pas ! C'est une nouvelle technologie ; ils n'ont pas encore détecté tous les bogues. » Ses attentes étaient réalistes, les miennes ne l'étaient pas. Devinez un peu qui se tapait le stress ?

> « Ses attentes étaient **réalistes**, les miennes ne l'étaient **pas**. Devinez qui se tapait **le stress ?** »

En regard des gens

J'ai déjà eu un patient que son directeur rendait fou. Son patron, un dénommé Roger, s'impliquait généralement peu ou était difficilement accessible. Mais quand les médias débarquaient ou quand ils gagnaient un prix, il était subitement à l'avant-plan pour recevoir les honneurs. Le comportement de Roger exaspérait mon patient. Toutes les semaines, il me racontait une nouvelle histoire le concernant. Un jour, je lui ai dit : « Roger semble un modèle de constance. Je comprends pourquoi son comportement vous irrite, mais pourquoi êtes-vous si surpris chaque fois ? Pourquoi espérez-vous qu'il se comporte autrement après toutes ces années ? Il est fidèle à lui-même. » (Un de mes amis appelle ce genre de situation « Roger dans le rôle de Roger. ») Je lui ai suggéré d'adapter ses attentes à la réalité.

La semaine suivante, il avait une autre histoire à me raconter concernant Roger, mais cette fois, il était un peu moins contrarié : « Eh bien, il a remis ça cette semaine ! » À la consultation suivante, il m'a dit : « Ce type-là ne vous déçoit jamais, écoutez bien celle-là ! » À la troisième visite, il riait en me racontant une autre de ces prévisibles histoires. Petit à petit, en reconnaissant le processus en cause, sa réaction de stress a diminué.

En regard de nous-mêmes

Les gens qui placent la barre trop haut seront déçus. Les perfectionnistes les premiers. Ces personnes croient qu'elles ne feront jamais d'erreurs, elles doivent toujours avoir raison et les mauvais départs ne sont pas pour elles. La vérité est que nous ne pouvons tout faire et que nous ne pouvons plaire à tout le monde en toutes circonstances. Nous *ferons* des erreurs, nous (y compris Serena Williams) ne gagnerons pas tous les matchs. Et nous ne serons pas aimés de tout le monde quoi que nous fassions. La vie serait plus facile si nous cessions de placer la barre trop haut en ce qui nous concerne.

Les vendeurs savent qu'ils ne vendront pas à tout coup. Dans l'industrie de l'assurance, en règle générale, on dit que dix appels à l'improviste donnent trois rendez-vous qui se traduisent par une vente. Voilà qui tient compte de ceux qui raccrochent et de ceux qui refusent ! Il s'agit de voir les choses comme elles sont et non comme nous aimerions idéalement qu'elles soient. Voici ce qu'en pense un vendeur : « La lois de la moyenne nous disent que les refus font partie de la vente ! »

Prescriptions

- Pensez à une situation qui vous contrarie en ce moment (un programme d'ordinateur capricieux, quelqu'un qui vous irrite, une personne qui vous a déçu).
- Essayez d'exprimer clairement vos attentes par rapport à cette situation ou cette personne.
- Puis pensez à la façon dont vous avez réagi lors de situations semblables dans le passé ou à la façon dont cette personne s'est comportée dans le passé.
- Demandez-vous : mes attentes sont-elles irréalistes ?
- Corrigez vos attentes en conséquence. Visez un peu plus bas pour réduire votre réaction de stress au niveau requis.

Dr David Posen

Au bout du compte, je me demande si nous avons fait une bonne affaire avec ces vieilles armoires. Quelle importance, c'est de l'argent qui nous est tombé du ciel !

Utilisez sagement vos réactions de stress

Et si vos réactions de stress étaient programmées?

Nous sommes au mois d'avril 1993. Le soleil brille de tous ses feux. Il fait chaud, le ciel est sans nuages; une journée idéale pour l'ouverture de la saison de base-ball. Les Blue Jays de Toronto avaient gagné la Série Mondiale six mois plus tôt. L'enthousiasme et l'optimisme étaient à leur comble. La billetterie affichait complet, mais j'avais deux billets dans la vingtième rangée derrière le premier but. J'avais invité un ami de Baltimore, alors en visite. Pour comble, les Jays jouaient contre les Orioles de Baltimore. Et c'était une journée de congé. Tout bien considéré, nous ne pouvions que nous détendre et laisser le stress derrière nous.

Nous sommes partis tôt et sommes arrivés au SkyDome un peu à l'avance. Il suffisait de garer l'auto. C'est à ce moment que je me suis rendu compte que des milliers d'amateurs avaient aussi décidé d'arriver tôt. Nous avons commencé à chercher une place mais il y avait un embouteillage monstre et le temps filait. À l'approche du début du match, j'ai pensé abandonner ma voiture ou la donner à un piéton. Il fallait que je m'en débarrasse! Vive le transport en commun!

> « Nous pouvons **choisir** ce qui nous stresse et combien de **temps** nous serons stressés. »
>
> Dr Hans Selye

Tout au long de cette entreprise parfaitement inutile et frustrante, je m'apercevais que mon niveau de stress montait. C'était amusant parce que d'abord il s'agissait seulement d'un match de base-ball et ensuite parce que… j'étais un spécialiste du stress.

Cela m'a rappelé une fascinante théorie en trois parties que j'avais lue un jour au sujet de notre capacité à faire face au stress. Et si notre corps était programmé pour résister à un certain nombres de réactions de stress ou pour en vivre un nombre déterminé, et qu'une fois ce nombre atteint, il était submergé, nous laissait tomber et mourait ? L'idée n'est pas exempte de logique. Pensez au moteur d'une voiture. Après un certain nombre de mouvements de pistons, le moteur s'use tout simplement. Il n'est pas si ridicule de penser que la capacité du corps puisse être aussi restreinte, qu'après tant de battements de cœur et d'usure, notre temps serait terminé. La deuxième partie de la théorie explique que chacun de nous possède une capacité de résistance au stress répété différente ; un nombre de réactions de stress programmé à l'intérieur de notre corps. Mon nombre peut être 281 000, le vôtre 308 000 et ainsi de suite. Enfin, bien que chacun de nous possède un nombre limité de réactions de stress programmé en lui, aucun de nous ne connaît sa limite.

Si nous adhérons à cette théorie, il serait bon de nous demander quelles situations justifient que nous dépensions une de nos précieuses réactions de stress. Disons que vous projetez d'aller voir un film mais que le guichet affiche complet. Vaut-il la peine que vous dépensiez une de vos réactions de stress ? Si votre enfant d'âge préscolaire renverse son jus, est-il justifié d'avoir une réaction de stress ? Le monde est différent quand nous pouvons *choisir* ce qui va nous stresser. Et ce n'est pas du tout irréaliste de penser qu'on puisse le faire !

Non seulement pouvons-nous choisir ce qui nous stresse, mais nous pouvons aussi choisir combien de temps nous y accrocher. Une patiente extrêmement contrariée est venue me voir un jour. Quatre heures plus tôt, elle attendait pour faire le plein à une station-service. Lorsque la voiture qui la précédait s'est finalement éloignée de la pompe, une autre automobile s'est pointée avant qu'elle ait eu le temps d'avancer. Elle est descendue de voiture, a fait valoir ses droits et s'est même disputée avec l'intrus. Rien n'y fit. Elle était outrée. Plusieurs heures plus tard, elle était encore agitée, ce qui ne l'aidait pas beaucoup. Voilà un exemple du prix à payer quand on s'accroche au stress plus longtemps qu'il est nécessaire !

Prescriptions

- Au cours de la semaine qui vient, remarquez quels types de situations provoquent du stress chez vous. Prenez des notes.
- Commencez à vous demander : cette situation justifie-t-elle une réaction de stress ?
- Si vous décidez que cela ne vaut pas la peine, laissez tomber. Ne mordez pas à l'hameçon.
- Si vous êtes tout de même contrarié, demandez-vous : combien de stress cette situation justifie-t-elle ? Combien de minutes est-ce que je veux que cette situation me contrarie ?
- Continuez de vous exercer à demeurer calme, surtout quand il s'agit de petites choses. Remarquez comme il est facile de maîtriser l'ampleur et la durée de vos réactions de stress.

DR DAVID POSEN

Au fait, quand nous avons enfin pu gagner nos places, la première manche venait de se terminer, nous avons passé un magnifique après-midi ; ce qui ne fut pas le cas du type dans notre rangée qui est arrivé à la troisième manche et qui a ragé pendant une heure. Je me demande combien de réaction de stress il a dépensé cette journée-là.

Conciliation travail et vie personnelle

Le temps est venu de renverser la tendance

Voyez un peu ce qui se passe autour du distributeur d'eau glacée de n'importe quel lieu de travail : ou bien vous n'y voyez personne parce que personne n'a désormais le temps de s'y arrêter, ou bien les gens que vous y rencontrez s'excusent presque d'être là tant ils ont à faire. Tout le monde a trop de boulot et pas assez de temps pour le faire.

Des thèmes atteignent le sommet du palmarès du stress de temps en temps. Il y a quelques années, c'était faire face aux changements rapides. Plus récemment, c'était comment concilier travail et vie personnelle. En fait, c'est le sujet de séminaire qui m'a été le plus demandé au cours des quatre dernières années.

En 2002, Santé Canada révélait qu'un Canadien sur quatre travaillait plus de cinquante heures par semaine, comparativement à un sur dix il y a dix ans. La moitié des personnes interrogées disaient travailler à la maison le soir ou les fins de semaine et donner vingt-sept heures supplémentaires de travail par mois à leur employeur, la plupart du temps

> L'objectif est l'**équilibre**, mais la clé c'est la **permission**.

gratuitement. Pour ce qui est de concilier travail et vie personnelle, près de 60 % se plaignaient d'une surcharge élevée au chapitre des rôles, presque le double du pourcentage de 1991. Une personne sur trois montrait des signes graves de dépression ou d'épuisement professionnel. Ces chiffres donnent des frissons. Et comme le coauteur du rapport, le docteur Linda Duxbury de l'Université de Carleton, le mentionne, ce rythme de travail est « totalement insoutenable ».

C'est encore pire aux États-Unis. Un article sur le stress des parents paru le 9 janvier 2001 dans *Newsweek* disait : « Les Américains travaillent plus fort que toute autre personne dans le monde, y compris les Japonais. » Un rapport de la *Families and Work Institute*, en 2001, révèle que 28 % des employés se sentent submergés de travail souvent ou très souvent au cours des trois premiers mois. Comment un tel embrouillamini est-il possible ? Et ce qui est plus important, que peut-on y faire ?

On peut toujours commencer par apprendre un nouveau mot en matière de conciliation travail et vie personnelle. En haut de la liste, je mettrais le mot « permission ». Je pensais que le mot « loisir » voulait dire repos et relaxation jusqu'à ce que je regarde dans le dictionnaire. J'ai été surpris d'apprendre qu'il venait du latin *licere* (la même racine que le mot « licence ») qui veut dire littéralement « être permis ». Tout ce que vous faites librement, par choix, est du domaine du loisir, même une randonnée pédestre ou une partie de squash. Les loisirs ne doivent pas nécessairement être sédentaires. C'est simplement quelque chose que vous décidez de faire. Nous manquons de loisirs, non parce que nous n'avons pas assez de temps, mais parce que nous ne nous permettons pas de trouver ou de prendre le temps.

> Je lui ai prescrit une **ordonnance** : « une partie de **golf** ce dimanche-ci ». Il m'en a demandé une autre : des **vacances** aux **Bahamas** !

Une partie de mon travail, parmi celles que je préfère, consiste à donner la permission aux gens de prendre du temps pour eux. Un de mes patients travaillait six jours par semaine et passait le septième à la maison avec sa famille. Mais le golf lui manquait. Il avait fait une croix sur le golf parce qu'il avait l'impression qu'il devait passer son seul jour de congé avec son épouse et ses enfants. Tout en respectant ses valeurs, je lui ai dit qu'il pourrait jouer au golf et disposer quand même d'une douzaines d'heures à passer avec sa famille. Cette idée le mettait mal à l'aise. Finalement, je lui ai dit : « Je vous donne la permission de jouer au golf ce dimanche-ci. Essayez d'abord, on verra après. Dites aux membres de votre famille que c'est moi qui en ai eu l'idée. Tentons l'expérience. » Il voulut bien essayer.

À sa visite suivante, il m'a confirmé qu'il avait joué au golf et qu'il s'était bien amusé. Il m'a même remercié de lui avoir donné la permission. Les membres de sa famille ont même réagi favorablement à l'initiative. Ils ont remarqué qu'il était plus relax, de meilleur humeur et plus près d'eux qu'il ne l'avait été les autres dimanches. Précédemment, il avait été plutôt préoccupé, distant, irritable et agité.

Cette expérience déboucha sur une agréable surprise puisque son temps de loisir a su profiter à la famille, parce qu'il était de compagnie plus agréable quand il faisait quelque chose pour lui-même. La semaine suivante, il s'est *lui-même* donné la permission d'aller jouer au golf. Ce qu'il avait d'abord vu comme un jeu en somme nulle (s'il gagnait, la famille perdait) s'est avéré une situation favorable aux deux parties : il consacre toujours la plus grande partie de la journée à sa famille, mais il est de meilleure humeur et dans une disposition d'esprit plus favorable.

La clé de l'histoire réside dans l'équilibre. En s'allouant du temps de loisir, il a comblé ses propres besoins *et* ceux de sa famille. Ce ne fut pas une décision du type « je pense à moi d'abord » ou « ça ne regarde que moi », mais plutôt du type « j'existe aussi ».

Prescriptions

• Arrêtez-vous et jetez un coup d'œil à votre vie. Répondez à cette mini enquête pour savoir où vous vous situez.

Sur une échelle de 1 à 10, indiquez où se situe votre **équilibre travail et vie personnelle.**

1	2	3	4	5	6	7	8	9	10

Affreux   Utopique
(que du travail)   (équilibre parfait)

Sur une échelle de 1 à 10, indiquez où se situe votre **niveau de stress.**

1	2	3	4	5	6	7	8	9	10

Minimal   Dingue
(le bonheur total)   (épuisement professionnel)

• Si votre équilibre est bas et votre stress élevé, choisissez une activité que vous aimeriez faire mais que vous avez négligé de faire (lire, jouer au golf ou au tennis, prendre un bain chaud, jouer du piano, dîner avec un ami, vous faire masser).
• Prenez des dispositions pour faire cette activité au moins une fois la semaine prochaine.
• Si vous vous sentez mal à l'aise, dites-vous : « Je me donne la permission de le faire. Ce sera amusant et l'équilibre c'est important. »
• Si vous hésitez encore, trouvez quelqu'un qui vous donnera la permission pour que vous puissiez mettre le processus en marche.
• Prenez des dispositions pour le faire une autre fois (ou faire autre chose) la semaine prochaine.

Dr David Posen

Faites quelques choses pour vous tous les jours. Et faites-le sans culpabilité. L'objectif est l'équilibre, mais la clé c'est la *permission*.

La puissance
de la permission

Écoutez vos instincts

Une femme est venue vers moi après l'un de mes séminaires. Elle était aux prises avec un problème de gestion du temps et essayait de jongler avec plusieurs éléments de sa vie. En plus de travailler à temps plein et d'élever deux enfants d'âge préscolaire, elle passait quinze heures par semaine à la mise sur pied d'une nouvelle entreprise avec un copain. Comme elle ne parvenait pas à tout faire, elle avait téléphoné à une émission de radio pour expliquer son dilemme à un spécialiste invité. Celui-ci lui répondit : « Votre problème est que vous n'êtes pas organisée. » Et il lui prodigua quelques conseils pour être plus efficace. Elle se sentait déjà submergée, mais après les recommandations du spécialiste, elle s'est sentie coupable de ne pouvoir s'organiser.

Je lui ai posé deux questions : « Que voulez-vous faire, vraiment ? » et « Que pensez-vous être capable de gérer sans difficulté ? » Elle disait qu'elle ne pouvait plus continuer ainsi. Je lui ai dit : « Ce n'est pas facile de travailler cinquante-cinq heures par semaines et de trouver du temps pour soi et la famille. Quand vos enfants seront plus vieux, vous pourrez

> Trop de personnes **sacrifient** une partie de leur **vie** pour atteindre les **objectifs des autres.**

peut-être repenser à tout cela, mais pour le moment, il me semble que travailler à temps plein et élever deux enfants, c'est bien suffisant. Votre copain pourra sans doute se trouver un autre associé. » Le sentiment de soulagement qui émana d'elle fut presque palpable. Elle me remercia pour avoir confirmé ce qu'elle croyait être la bonne solution et pour l'avoir soutenue dans ce qu'elle désirait faire par-dessus tout.

Que doit-on retenir de cette histoire ? Pourquoi avait-elle besoin de l'avis d'un professionnel alors qu'elle connaissait déjà la solution ? Je crois que ce qu'elle cherchait, c'était la *permission*. Elle avait besoin qu'une personne, symbolisant l'autorité, sanctionne sa décision, lui dise que ce n'était pas grave qu'elle revienne à des proportions plus raisonnables. Peut-être cherchait-elle le soutien de quelqu'un de l'extérieur pour justifier sa décision auprès de son copain.

Nous avons souvent besoin de l'approbation de quelqu'un pour nous donner le courage d'agir. Une de mes patientes est venue me voir parce qu'elle devait prendre une importante décision et n'était pas certaine de ce qu'elle devait faire. C'était à propos du nombre d'heures qu'elle travaillait par semaine qu'il lui fallait réduire pour être capable de passer plus de temps avec son jeune enfant. Elle hésitait même à s'informer des possibilités existantes, parce que, disait-elle, « je n'aurai pas l'air professionnelle. C'est risqué, s'il le prenait mal ? » Elle craignait de paraître moins engagée dans son travail et que cela nuise à sa carrière.

Après avoir pesé le pour et le contre dans le but de l'aider à prendre une décision, je fus frappé par le fait qu'elle savait très bien en fait ce qu'elle voulait faire. Je lui ai dit : « Vous n'avez pas l'air de quelqu'un qui a du mal à prendre une décision. Il me semble que votre décision est prise, mais que vous hésitez à la mettre à exécution. »

Elle a répondu : « Vous avez raison. J'ai simplement besoin de votre permission. »

À vrai dire, elle avait vraiment besoin de se donner la permission. Mais elle ne l'a constaté qu'au cours de notre conversation. Ce qu'elle avait perçu comme un problème d'indécision (c'est ainsi qu'elle me l'avait présenté) était en réalité une question de mise à exécution. Et la solution pour avancer n'était pas tant de choisir que de se donner la permission de mettre en pratique ce choix.

Cette histoire illustre bien que nous avons parfois besoin d'une personne extérieure pour affirmer notre comportement ou renforcer notre désir de faire quelque chose. La permission est une forme d'approbation de la part d'une autre personne. Nous avons besoin que quelqu'un donne sa bénédiction à une façon d'agir que, au plus profond de nous, nous voulons suivre mais que nous ne pouvons nous permettre de suivre.

En fin de compte, nous avons besoins que les gens approuvent la confiance que nous leur accordons. Si nous voulons avoir la vie que nous nous sommes imaginée, nous devons être davantage en mesure de nous donner la permission de choisir ce qui nous semble la bonne chose et mettre ensuite ce choix en pratique. Il ne s'agit pas d'égoïsme, il s'agit d'autodétermination et de confiance en soi. Il s'agit aussi de vivre selon nos propres valeurs et nos priorités, et non selon celles des autres. Trop de personnes sacrifient une partie de leur vie pour atteindre les objectifs des autres.

Que ce soit pour changer de carrière ou pour organiser votre week-end, commencez à écouter votre voix intérieure et laissez-la vous guider. Vous donner la permission de faire les choses équivaut à mieux maîtriser votre vie.

Prescriptions

• Trouvez une chose que vous voulez faire (ou arrêter de faire), mais que vous avez été incapable de mettre à exécution.
• Demandez-vous pourquoi vous êtes enlisé. Est-ce parce que vous ne la désirez pas assez?
• Pensez-vous que vous vous sentirez coupable si vous la réalisez? Craignez-vous le jugement des autres?
• Demandez-vous qui pourrait vous donner la permission d'avancer.
• Si vous avez besoin de la permission de quelqu'un d'autre, parlez-en avec la personne concernée et demandez du soutien.
• Si c'est de votre propre permission dont vous avez besoin, donnez-vous-la en commençant par de courtes périodes. « Je me donne la permission de faire ceci pendant une semaine/un mois/une année/six mois à titre d'expérience.» Puis, évaluez la décision (et ses avantages ou ses désavantages) au fur et à mesure que vous avancez.

DR DAVID POSEN

Vous donner la permission d'apporter des changements à votre vie ou de faire les choses différemment est une expérience libératrice. Et plus vous vous y adonnerez, plus ce sera facile.

D'où vient la pression ?

Regardez autour de vous. Puis regardez-vous dans le miroir !

Tout a commencé par une conversation au sujet d'un problème de constipation. (Ne partez pas, nous n'allons pas illustrer notre propos). Ma patiente était une très jolie jeune femme qui, après avoir été une étudiante consciencieuse, œuvrait maintenant dans le monde des affaires. Elle est venu me voir pour des problèmes abdominaux, alors je lui ai demandé de me parler de ses habitudes alimentaires. Je fus surpris d'apprendre qu'elle ne dînait jamais. Je me suis dit : « Comment un employeur peut-il faire travailler ses employés pendant l'heure du dîner ? » Mais j'ai bientôt appris que c'était de son propre chef qu'elle le faisait. La pression venait donc d'elle. Elle avait l'impression que c'était la seule façon d'arriver à faire son travail.

> Les **perfectionnistes** de type A exigent inlassablement la quantité et la **qualité** ; c'est toujours **amusant** de les regarder aller !

Le surmenage est souvent plus compliqué à régler qu'un conflit entre patron exigeant et employé docile. Examinons quelques sources de pression sur les lieux de travail qui obligent les gens à travailler de longues heures et nuisent à leur équilibre travail et vie personnelle. À propos, ces facteurs mènent aussi à une surcharge du côté de la vie personnelle.

La demande extérieure : elle vient des patrons et des clients, des compagnons de travail et des consommateurs. Elle implique non seulement ce que les gens veulent que vous fassiez, mais aussi les normes d'excellence auxquelles vos efforts doivent mener.

Les délais : comme si ce n'était pas assez que les gens vous demandent de faire des choses, ils vous donnent une limite de temps pour les faire. Vous sentez beaucoup plus de pression s'ils

43

ont besoin de la chose le jeudi matin suivant que si c'est pour le Jour de l'Action de grâces.

La pression des pairs et la culture de l'entreprise : cela comprend tout, du froncement de sourcils parce que vous partez tôt au commentaire sarcastique parce que vous sortez faire une marche pendant votre heure de dîner. De l'exemple que donnent les cadres supérieurs qui viennent au bureau la fin de semaine aux réponses désobligeantes du genre « on ne fait pas ça ici ! » lorsque vous faites un appel personnel. Les messages, explicites ou implicites, vous pressent discrètement de vous conformer.

La demande intérieure : ce sont nos propres attentes et normes. Les personnes de type A essaient toujours d'en faire plus, tandis que les perfectionnistes ont des normes d'excellence très élevées. (Les perfectionnistes de type A exigent inlassablement la quantité et la qualité ; c'est toujours amusant de les regarder aller !)

La perception du danger : « Si je n'arrive pas à rendre ce projet à temps, mon patron va me tuer ! » « Si je ne travaille pas en fin de semaine, ça pourrait avoir des conséquences sur mon évaluation de performance. » Nous nous donnons nous-mêmes des messages intérieurs sur les conséquences négatives qui en résulteront si nous ne faisons pas le travail exigé. Ce genre d'attitude fait monter le compteur de pression.

L'évaluation de notre capacité à accomplir les tâches : le manque d'assurance influe sur le niveau de pression. Si je regarde la montagne de travail qui m'attend et que je me dis « je n'arriverai jamais à passer à travers tout ça », je sentirai beaucoup plus d'anxiété que si je me dis « oh ! y a du boulot là-dedans, mais ça va aller ».

Il y a quelques points importants à noter à propos de ces six sources de pression :

- Les trois premières sont extérieures, mais les trois dernières intérieures. Nous pensons souvent que la pression nous vient de l'extérieur, mais nous nous en créons nous-mêmes une bonne partie.

- Nous ne maîtrisons pas les trois premiers facteurs, mais les trois derniers sont sous notre direction.

- Même si nous ne *maîtrisons* pas les trois premiers facteurs, nous pouvons avoir une certaine *influence* sur eux.

> «Plus vous êtes **exigeant** envers vous-même, plus votre moi s'**insurge**.»
>
> ANONYME

Par exemple, dans certaines circonstances, nous pouvons refuser les demandes des autres. Nous pouvons négocier nos délais s'ils sont trop courts ou irréalistes. Nous pouvons vérifier si notre perception de la culture de l'entreprise est exacte (j'ai déjà eu une patiente qui pensait que d'amener son enfant au travail ne se faisait pas. Or, un jour, elle n'a pas eu le choix, et, à sa grande surprise, personne ne l'a critiquée. Tout le monde s'est amusé à l'occuper toute la journée). Et nous pouvons contester ou repousser gentiment la pression des pairs lorsque c'est nécessaire.

Prescriptions

- Reconnaissez que vous ne pouvez pas tout faire ce que l'on vous demande. Cessez d'essayer !
- Quel est le programme aujourd'hui ? Donnez-vous un délai réaliste pour accomplir chacun des éléments.
- Protégez votre temps. Si votre journée est déjà remplie, dites non aux nouvelles demandes ou reportez-les à un autre jour.
- Commencez à surveiller vos messages pessimistes intérieurs. Remarquez combien souvent vos conversations intérieures négatives vous effraient.
- Réfutez vos messages négatifs. Le ciel ne va pas vous tomber sur la tête si votre travail n'est pas fini à temps ou s'il n'est pas absolument parfait.
- Trouvez quelque chose que vous laisserez tomber cette semaine ou que vous ne feriez pas de façon absolument parfaite.

Vous maîtrisez mieux la situation que vous croyez. Profitez-en.

DR DAVID POSEN

Alors, qu'est-il arrivé à ma patiente qui travaillait durant son heure de dîner? Elle a commencé à sortir à l'heure du dîner et s'est vite rendu compte que relaxer était aussi important que manger. Et elle a finalement avoué que le «patron» qui lui mettait constamment de la pression était nulle autre qu'*elle-même*. Ah oui, il y a quelque chose d'autre: son problème de constipation est beaucoup moins important.

Pression des pairs et culture d'entreprise

Le temps est venu de parler plus fort

Un patient me parlait du stress qu'il subissait constamment au travail. Je lui ai suggéré de s'arrêter cinq minutes de temps en temps pour faire baisser la pression; il m'a expliqué que c'était très difficile. Le bureau se trouvait au sous-sol d'un immeuble, loin de la porte donnant accès à la rue, de sorte que même prendre un peu d'air frais demandait trop de temps. « Et pendant l'heure du dîner », ai-je demandé ? « Je ne peux pas sortir à l'heure du dîner, m'a-t-il répondu, personne ne prend le temps de dîner. » À vrai dire, quelqu'un lui a déjà dit: « Ce n'est pas dans les habitudes de la maison. » Se sentant un peu comme une taupe, il n'a pas tenu compte de la remarque et est sorti pendant l'heure du dîner. Mais pas pour bien longtemps. Ses collègues l'ont accablé de remarques désobligeantes jusqu'à ce qu'il finisse par adopter leur habitudes d'obsédés du travail.

La pression des pairs et la culture de l'entreprise ont un énorme effet sur les employés, par toutes sortes de moyens détournés. Ce sont aussi des facteurs majeurs qui ont des conséquences sur l'équilibre travail et vie personnelle.

Tous les organisations ont une personnalité. Certaines sont sans imagination, d'autres amusantes. Elles peuvent être accrocheuses ou détendues, très réservées ou ouvertes, peu enclines à courir des risques ou innovatrices. La culture de l'entreprise peut être constructive, positive et constituer une source de fierté. Ou elle peut être un problème, signifier de longues heures de bureau, travailler durant la fin de semaine, se sacrifier pour la compagnie ou négliger votre vie familiale.

> Dans de nombreuses **compagnies**, les messages importants sont inexprimés et l'**acte** est toujours plus fort que la **parole**.

Un de mes patients a travaillé toute une nuit au bureau. Lorsque je lui ai demandé qui d'autre se trouvait avec lui au milieu de la nuit, il m'a répondu : « Plus de personnes que vous ne pourriez le croire. » Certaines compagnies organisent des réunions le dimanche matin et associent les absences à un manque d'engagement ou de loyauté. Ces pratiques sont des exemples de gestion du genre « C'est ainsi que ça fonctionne chez nous ».

La pression de la part des pairs est moins institutionnalisée. Ce sont des individus ou des groupes qui tentent d'influencer le comportement et l'attitude des autres. La pression des pairs peut parfois refléter la culture de l'entreprise, parfois non. Les directeurs et superviseurs sont les gardiens de la politique de la compagnie en matière d'équilibre travail et vie personnelle. Ils peuvent soutenir ou saboter le plan officiel. Les employés qui désirent partir tôt (pour accompagner un parent chez le médecin ou un enfant à sa partie de soccer) n'appellent pas le directeur général pour demander la permission. Ils en parlent à leur superviseur et c'est l'attitude de cette personne qui déterminera le résultat.

Si la culture de l'entreprise se développe avec le temps, la pression des pairs est généralement exercée par des personnes qui ont de fortes personnalités et/ou par le personnel indélogeable. Pour le meilleur ou pour le pire, le pouvoir est entre leurs mains. Ce sont souvent des obsédés du travail ou des personnes de type A, des individus grandement surmenés par le travail et qui, à leur tour, surchargent les autres.

La façon dont les gens agissent en gravissant les échelons de la hiérarchie est importante. Quand ils ont connu de mauvaises expériences dans le système ou se sont sentis exploités par lui, ils adoptent généralement l'une ou l'autre des attitudes suivantes :

1) « je ne l'ai pas eu facile et quand j'arriverai en haut, ceux qui seront sous mes ordres ne l'auront pas facile non plus », ou

2) « on ne m'a pas fait de cadeau et je ne veux pas répéter la même erreur. »

Souvent, il y a une différence entre la politique établie et ce que les gens (surtout les cadres) font vraiment. Plus d'entreprises adhèrent au principe de l'équilibre travail et vie personnelle, mais les employés plus âgés continuent d'arriver tôt, de partir tard et de critiquer subtilement ceux qui ne font pas comme eux. Dans de nombreuses entreprises, les messages importants sont inexprimés, et peu importe ce que dit la politique, l'acte est toujours plus fort que la parole.

La meilleure stratégie pour faire face à la pression des pairs et changer la culture de l'entreprise est d'obtenir un consensus autour de la question. Ne vous attaquez pas seul au système. Parlez aux autres employés et voyez s'ils partagent votre avis. Mettez un groupe sur pied qui soutiendra activement le changement. Puis présentez votre idée ensemble. Au milieu des années 1970, je me suis levé lors d'une des réunions du Département de médecine familiale pour m'insurger contre la vente de

> Contester le statu quo n'a rien d'une mutinerie ou d'une rébellion, c'est essayer d'améliorer son milieu de travail et son expérience.

cigarettes dans notre hôpital. Après un ou deux commentaires peu enthousiastes, le sujet fut abandonné. Un collègue plus âgé m'a donné de précieux conseils à la sortie : « C'était une bonne idée, mais il faut mieux préparer le terrain quand on soulève ce genre de chose. Il aurait mieux valu avoir le soutien des gens d'abord et trouver des personnes qui puissent faire avancer l'idée. Si vous aviez été mieux organisé, vous auriez peut-être pu convaincre davantage de vos collègues. »

D'autres suggestions pour faire changer les choses :

Ne pensez pas que la culture de l'entreprise est immuable. Vous pouvez avoir une influence sur les pratiques de la compagnie. Si vous êtes nouveau dans la boîte, vous pouvez apporter de nouvelles idées à l'organisation. Si vous êtes un vétéran, votre ancienneté vous permet d'avoir de l'influence, la chance (et la responsabilité) de façonner la culture de l'entreprise et de la faire avancer dans une direction positive.

Osez être différent. Ayez le courage de vos convictions. Apportez un peu d'humour dans une compagnie dépourvue d'imagination ou dans les réunions qui deviennent trop sérieuses. Organisez un groupe et jouez au Frisbee à l'heure du dîner, ou allez faire une marche.

Soutenez les initiatives des autres. Appuyez vos collègues lorsque vous êtes d'accord avec ce qu'ils pensent.

Attendez le moment d'agir. Si vous êtes une nouvelle recrue, prenez le temps d'observer le climat dans l'entreprise et vos nouveaux collègues. Ne faites pas fi des règles tacitement admises dès la première journée. Mais n'allez pas à l'encontre de vos principes non plus. Pour certaines choses (prendre le temps de dîner, partir à l'heure prévue), établissez votre propre style dès le début, montrez que vous pouvez travailler à votre cadence et faire *quand même* du bon travail.

Enfin, quitter la compagnie est parfois la bonne décision. Si vous pensez que les valeurs et les pratiques de la compagnie sont inacceptables, il se peut que vous deviez chercher un autre emploi plus compatible.

Prescriptions

- Demandez-vous : « Quelle est la chose que j'aimerais voir changer à mon travail ? »
- Demandez aux gens : « Pourquoi faisons-nous cela ? » ou « Pourquoi faisons-nous cela de cette façon ? »
- Commencez à établir un consensus et à faire pression en faveur du changement d'une manière constructive (et non rebelle).
- Prenez l'initiative. Ne divulguez pas vos intentions. Les autres se rangeront peut-être derrière vous.
- Identifiez une personne qui fait pression sur vous et demandez qu'on en discute.

Dr David Posen

Tout le monde peut modifier une culture d'entreprise. Il n'y a pas que la direction qui peut le faire. Si vous travaillez pour une compagnie, vous faites partie de sa culture par définition. Vous êtes un interlocuteur valable. Vous avez autant le droit que quiconque dans l'entreprise de participer à l'élaboration de sa culture. Le temps est venu de parler plus fort !

Tracer des frontières et fixer des limites

N'en jetez plus, la cour est pleine

L e billard électrique sait imposer le respect. Quand on le bouscule un peu trop, le « Tilt » s'allume et la partie est interrompue. Définitivement. Voilà une façon assez impressionnante d'établir une limite au nombre d'agressions qu'il peut accepter. C'est aussi vrai en ce qui concerne l'équilibre travail et vie personnelle, il faut établir des limites pour nous protéger. Nous pourrions nous servir du mot « Tilt », mais j'ai une autre suggestion.

Quand j'étais généraliste et que je me retrouvais avec trop de patients, trop d'appels téléphoniques et trop de paperasserie, le mot « assez » clignotait dans ma tête comme une énorme enseigne au néon. Je m'arrêtais, m'asseyais avec mon infirmière et commençais à déléguer comme un fou, et je prenais enfin les décisions que je remettais depuis des jours. La pile de dossiers sur mon bureau fondait à vue d'œil, me laissant une charge de travail acceptable et un énorme sentiment de soulagement.

« Assez » est un autre mot à ajouter à notre vocabulaire de l'équilibre travail et vie personnelle. La journée de travail s'allonge, est de plus en plus exigeante et n'a plus de fin. Pour maîtriser un tant soit peu la situation, il faut commencer par se poser les questions suivantes : « Assez veut dire combien ? », « Assez d'heures de travail veut dire combien ? », « Assez de succès veut dire combien ? », « Assez d'argent veut dire combien ? »

Laissez-moi vous raconter trois petites histoires. Un de mes amis se plaignait de sa charge de travail. Travailleur autonome, il était inondé de clients, croulait sous le nombre d'appels téléphoniques, de feuilles de papier, de télécopies, des dossiers s'empilaient tout autour de lui et les délais lui rendaient constamment la vie impossible. Son travail l'obligeait à faire des heures supplémentaires le soir et les fins de semaine. Il prétendait ne pas avoir le choix parce qu'il avait trop à faire. Je lui ai demandé : « Comment peux-tu dire que tu n'as pas le choix ? Pourquoi as-tu pris tant de clients pour commencer ? » « Oui, je vois ce que tu veux dire, d'une certaine façon j'avais le choix, bien sûr, » m'a-t-il répondu.

> Travailler plus long-temps et plus fort n'est pas seulement impro-ductif, c'est aussi une entrave à la productivité.

Un patient me racontait un voyage éclair à Chicago pour régler une affaire. Il avait fait des journées de dix-huit heures avec une importante équipe d'avocats, de comptables et de gens d'affaires pour revenir ensuite chez lui dans un état de fatigue extrême. Je lui ai demandé : « Quelle urgence y avait-il pour que toutes ces personnes consacrent un si grand nombres d'heures au règlement d'une affaire ? » « Aucune, m'a-t-il répondu, c'est ainsi que se font les affaires là-bas. » Puis il ajouta : « Et ce n'est pas tout, après mon départ, ils s'activaient déjà en vue d'une autre réunion marathon visant à conclure la prochaine transaction. Ils ne s'arrêtent jamais. » Incroyable !

La troisième histoire met en scène une personne qui ne soupait à la maison que deux fois par semaine. En plus d'occuper un travail à plein temps, elle faisait aussi du bénévolat pour cinq organismes communautaires ! Un type bien comme ce n'est pas possible, mais tellement partagé entre ses nombreuses activités qu'il n'avait presque plus de temps pour sa famille.

J'ai posé deux questions à chacune de ces personnes : « Pourquoi faites-vous cela ? » et « Assez veut dire combien, selon vous ? »

Trop de gens sont submergés de travail. Ceux qui travaillent de longues heures se font des illusions. Très peu de personnes peuvent consacrer plus de dix heures par jour au travail (ou cinquante heures par semaine) et demeurer productifs. Après cela, tout demande plus de temps parce que nous sommes fatigués et inefficaces.

C'est ce qu'illustre la loi de Yerkes-Dodson qui montre la relation entre la performance et le stress.

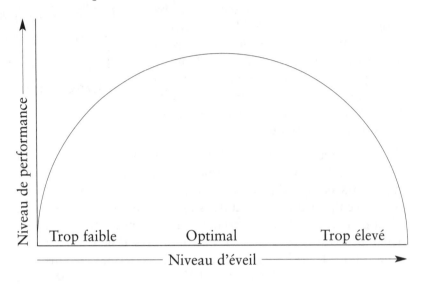

La relation entre l'éveil (et le stress) et la performance selon la courbe en U renversée et la loi de Yerkes-Dodson

La première partie de la courbe révèle que la motivation ou le stress augmente vraiment notre efficacité. Mais au-delà d'un certain point, c'est l'inverse qui se produit : le stress diminue notre efficacité. En fait, travailler plus longtemps et plus fort au-delà de ce point n'est pas seulement improductif mais constitue une entrave à la productivité, et ne fait que prolonger la détresse et l'inefficacité.

«Les gens qui passent la plupart de leur temps à **éteindre des feux** sont généralement aussi des **incendiaires**.»

DAN SULLIVAN

Au lieu de pédaler plus fort et plus vite, nous devrions nous retirer pour récupérer. Mieux encore, nous devrions éviter la partie descendante de la courbe tout compte fait. En d'autres termes, il nous faut travailler à notre rythme. C'est ici qu'il est important de tracer des frontières et de fixer des limites.

Voici quelques limites que je me suis fixées pour demeurer efficace au travail et équilibré dans la vie :

- Je travaille de 8 h 00 à 18 h 00 et je prévois du temps pour dîner ainsi qu'une période d'exercice l'après-midi.
- Je ne travaille que quelques soirs par mois.
- Je travaille rarement les fins de semaine.
- Je n'entreprends presque jamais de voyage d'affaires les samedis ou les dimanches.
- Je sors rarement plus de deux soirs consécutifs, même s'il s'agit de rencontres sociales ou de la pratique d'un sport.

Au fil des ans, j'ai tracé des frontières. Elles ne sont pas définitives, mais je ne les franchis pas très souvent.

On peut aussi tracer des frontières par rapport au lieu de travail. Par exemple :

- Ne travaillez pas à la maison.
- Si vous travaillez à la maison, n'utilisez qu'une seule pièce ou ne travaillez qu'à un seul endroit.
- Ne travaillez pas en vacances. Pas d'ordinateur, de téléphone cellulaire ou de lectures en rapport avec le travail.

Prescriptions

- Regardez votre horaire. Avez-vous une routine bien établie en ce qui concerne vos heures de travail ? Êtes-vous satisfait de l'heure à laquelle vous commencez et de l'heure à laquelle vous terminez ?
- Décidez à quelles heures vous désirez que votre journée de travail commence et finisse.
- Choisissez, de façon réaliste, une chose que vous pourrez changer au cours de la semaine prochaine (quitter la maison trente minutes plus tard pour vous rendre au travail ou quitter le travail une heure plus tôt pour rentrer à la maison). Tirez vos conclusions après avoir essayé une semaine.
- Choisissez une « mauvaise habitude » que vous avez prise (vérifier vos courriels avant d'aller vous coucher, demander vos messages le samedi matin), et engagez-vous à la supprimer.

DR DAVID POSEN

Fixez des limites. Demandez-vous « Assez veut dire combien ? » et tracez des frontières en conséquence. Puis, dites « Assez » avant que votre corps ne fasse « Tilt ».

Dire non

Savoir choisir, c'est savoir se protéger

Lorsque le plus âgé de mes garçons a eu deux ans, il y a eu une période où il répondait non à tout ce que je lui demandais. Je le regardais ébahi car j'admirais son courage, et sa détermination m'amusait. Je disais à mon épouse : « Il ne se rend pas compte que je fais 6 pi 1 po et qu'il n'en fait que 3. Aurais-je l'audace de dire cela à un géant de 3 mètres ? ». Et pourtant, il ne démordait pas.

Quelle ironie ! Les jeunes enfants ont moins de difficulté à dire non que les adultes. Ce culotté bambin possédait un talent que la plupart des grandes personnes ont du mal à développer. Dans mes séminaires, je demande aux gens combien d'entre eux son capables de dire non quand il est approprié de le dire sans se sentir mal à l'aise ou coupable. Très peu de mains se lèvent. Un travailleur autonome submergé par le travail me disait un jour qu'il lui était difficile de dire non à ses clients. Lorsque je lui ai demandé pourquoi, il m'a répondu d'un air penaud : « Parce qu'ils ne m'aimeront pas. »

Il est également ironique que l'un des mots qui confère le plus de pouvoir est aussi l'un des plus courts. Quand les gens ne peuvent dire non, ils finissent par être submergés, stressés et amers. Les personnes qui savent dire non font moins l'objet de pression et ont l'impression de mieux contrôler leur vie. Elles jouissent aussi de plus de temps libre, d'une énergie accrue et ont une meilleure image d'elles-mêmes. Un petit mot qui rapporte gros.

Apprendre à dire non ne signifie pas que nous deviendrons difficiles ou peu coopératifs. Après tout, la collaboration et le

> Si vous **savez y faire**, vous n'aurez jamais vraiment besoin de dire **non**.

travail d'équipe sont essentiels en milieu de travail de nos jours. Savoir dire non, c'est savoir se protéger. C'est admettre que nous ne pouvons tout faire, que nous ne pouvons faire plaisir à tout le monde et qu'essayer mène à l'épuisement. Dire non signifie reconnaître ses limites et savoir choisir ce que nous désirons faire.

Quand dire non

Il ne s'agit pas de dire non pour le plaisir de le dire ou chaque fois que vous ouvrez la bouche. Il n'est pas non plus nécessaire de le dire souvent. Même si vous ne l'utilisez que dans 5 % des cas, vous en retirerez de nombreux bienfaits.

Quand est-il bien, pertinent, même nécessaire, de dire non? Voici un exercice qui vous aidera à vous en accorder la permission. La plupart d'entre nous n'avons pas de difficulté à dire non quand il s'agit de quitter le travail plus tôt pour prendre un avion. Voici d'autres circonstances dans lesquelles il est bien de dire non :

- Lorsque vous êtes épuisé et extrêmement stressé.

- Lorsque vous êtes débordé et que vous manquez de temps.

- Lorsque vous avez des choses plus importantes ou plus pressantes à faire.

- Lorsque ce n'est pas votre travail ou votre responsabilité.

- Lorsque ce n'est pas votre champ de compétence et que quelqu'un d'autre pourrait faire mieux que vous.

Comment dire non

La prochaine question qui se pose est comment dire non sans frustrer les gens. L'ironie, encore une fois, c'est que si vous employez les bons mots, vous n'aurez même pas à le dire.

Exprimer votre désir d'aider la personne : « Je le ferais avec plaisir » ou « Mon plus cher désir serait de vous aider. »

Donner une explication : « Je travaille présentement à un projet dont les délais sont courts » ou « J'ai malheureusement un rendez-vous chez le dentiste ». Vous n'avez pas besoin d'entrer dans les détails.

Offrir une solution de rechange : « Christine est une experte dans le domaine et elle adore ça » ou « Je n'aurai malheureusement pas le temps de le faire mais je peux *vous* montrer comment le faire. »

Offrir de le faire plus tard : « Il m'est impossible de le faire maintenant, mais je peux vous le faire mardi. »

Offrir de faire une partie du travail : « Je ne pourrai pas tout faire, mais je vous en ferai une partie avec plaisir si vous le désirez. »

Demander à la personne à quel projet elle désire que vous accordiez priorité : « Lequel des projets voudriez-vous que je mette de côté ? » Elle répondra probablement : « Je ne savais pas que vous étiez si occupé. Je vais m'arranger autrement » ou « Mettez celui-ci de côté et faites plutôt cela ». Dans un cas comme dans l'autre, c'est elle qui doit prendre la décision. Elle ne pourra donc pas vous apostropher la semaine suivante et vous dire « Où est tel ou tel rapport ? » puisque c'est elle qui vous aura dit de le mettre de côté.

Demander du temps pour y penser : « Je vais consulter mon horaire pour voir ce que je peux faire et je vous rappelle d'ici une demi-heure ». Puis, si ce n'est pas possible, rappelez et dites : « Je suis désolé, ça ne marchera pas. La prochaine fois peut-être. »

Questionner la personne sur le projet : l'aider à clarifier la situation et ses véritables besoins.

Savoir dire non est un art qu'il est essentiel de maîtriser dans ce monde au rythme déchaîné. C'est une façon de nous

> « Les choses les plus importantes ne doivent jamais être à la merci des choses les moins importantes. »
> GOETHE

protéger du stress et du travail à outrance. Après permission et assez, non est un autre mot à ajouter à votre vocabulaire de l'équilibre travail et vie personnelle.

Prescriptions

- Remarquez les demandes qui vous seront adressées au cours de la semaine prochaine, surtout lorsque vous manquerez de temps.
- Donnez-vous la permission de dire non à la prochaine occasion qui se présentera.
- Demandez le soutien et l'encouragement d'une autre personne si vous n'êtes toujours pas à l'aise avec le principe.
- Décidez comment dire non d'une façon diplomatique.
- Exercez-vous avant de vous exécuter.

DR DAVID POSEN

Vous pouvez être délicat et tout de même affirmatif. Vous serez surpris de constater combien vous vous sentirez libre après. Et plus vous direz non, plus il vous sera facile de le dire. S'il vous faut un modèle, vous n'avez qu'à regarder comment un enfant de deux ans dit non à un adulte !

Le sommeil

Ne partez pas sans lui!

Combien de temps vous faut-il pour vous endormir le soir ? Je me souviens de m'être déjà vanté de pouvoir m'endormir en quelques secondes. En fait, j'avais l'habitude de faire claquer mes doigts et de me dire : « Silence, on dort ! » Ce n'est que dernièrement que j'ai pris conscience que ce que je disais vraiment c'était : « Qu'est-ce que je peux manquer de sommeil ! » Je m'explique.

La société que nous nous sommes donnée nous prive d'environ soixante à quatre-vingt-dix minutes de sommeil par nuit. Pour savoir si vous manquez de sommeil, répondez aux quelques questions suivantes :

- Avez-vous besoin d'un réveil pour vous lever le matin ? Ou de deux réveils ? Un assez proche pour pouvoir l'arrêter en pressant le bouton et l'autre quelque part dans la pièce pour vous obliger à sortir du lit ?

- Vous sentez-vous reposé ou fatigué lorsque vous vous levez ?

- Avez-vous de l'énergie tout au long de la journée ? Manquez-vous d'énergie vers la fin de l'après-midi ?

- Combien d'heures dormez-vous lorsque vous n'avez pas à vous lever (les fins de semaine ou en vacances) ?

- Combien vous faut-il de temps pour vous endormir le soir ? C'est le critère utilisé par les chercheurs sur le sommeil qu'ils appellent « latence du sommeil ». Chez les personnes normales, bien reposées, cette période de transition prend de quinze à vingt minutes. Si vous vous endormez en moins de cinq minutes, ou même en moins de dix, vous manquez de sommeil par définition.

Lorsque les patients se plaignent d'être fatigués, je commence toujours par leur poser deux questions :

- Combien d'heures dormez-vous la nuit ? La réponse est souvent « six ou sept heures ».

- Combien d'heures de sommeil vous faut-il pour fonctionner à votre mieux ? (Et non combien d'heures vous suffisent pour fonctionner, mais de combien d'heures vous avez vraiment besoin pour être au maximum de vos capacités.) La réponse est généralement « huit ».

Même un étudiant en médecine pourrait poser ce diagnostic : manque de sommeil !

Combien d'heures de sommeil vous faut-il ? La plupart des adultes ont besoin de huit à neuf heures de sommeil par jour, ce qui correspond au nombre d'heures que les gens dormaient jusqu'en 1913, lorsque Thomas Edison perfectionna l'ampoule incandescente à filament de tungstène, la lumière artificielle. Aujourd'hui, la moyenne est d'environ sept heures par nuit, bien que nous n'ayons pas physiologiquement changé depuis l'époque d'Edison. Nous nous privons de sommeil pour travailler, regarder la télévision, faire des rencontres sociales. Ce n'est pas un très bon choix.

> Beaucoup de **symptômes** associés au manque de **sommeil** sont aussi des symptômes de **stress**.

Quels sont les coûts qu'engendre le manque de sommeil ?

Les dommages sont beaucoup plus importants qu'on le pense. Nous nous endormons au volant : aux États-Unis, 100 000 accidents de la route sont dus, annuellement, à des conducteurs qui se sont endormis. Nous sommes plus sujets aux infections parce que notre système immunitaire est sollicité pendant le sommeil. Nous commettons des erreurs au travail qui causent des blessures et des pertes financières. Notre capacité de concentration est réduite, notre mémoire à court terme moins efficace et nos fonctions intellectuelles diminuées. En 1999, dans un article sur le sommeil paru dans le *Toronto Star*, le docteur

Stanley Coren, un psychologue de l'Université de Colombie-Britannique à Vancouver, nous apprenait que « une heure de sommeil perdue sur une période de huit heures se traduit par une baisse du Q.I. d'un point et que chaque heure perdue supplémentaire correspond à deux points de moins. Et c'est cumulatif, de sorte que si vous dormez deux heures de moins par nuit pendant cinq jours, vous perdez 15 points. » Le manque de sommeil a aussi un effet considérable sur l'humeur. Nous devenons irritables et la dépression nous guette.

Notez que beaucoup de symptômes associés au manque de sommeil sont aussi des symptômes de stress. En outre, les gens fatigués ont moins de résistance face aux situations stressantes. Par conséquent, le manque de sommeil est doublement néfaste. Aller travailler sans avoir suffisamment dormi, c'est partir du mauvais pied.

Déficit en sommeil

La différence entre la quantité de sommeil dont vous avez besoin et celle que vous vous accordez s'appelle le « déficit en sommeil ». S'il vous faut huit heures par nuit et que vous n'en dormez que sept, vous avez un déficit en sommeil d'une heure. Comme le docteur Coren le fait remarquer dans son merveilleux livre intitulé *Sleep Thieves* (Les voleurs de sommeil), si la situation se poursuit pendant une semaine, vous vous retrouvez avec un déficit en sommeil de sept heures. L'effet est très semblable à celui que causerait la perte de sept heures de sommeil en une seule nuit. La bonne nouvelle est que vous pouvez combler votre déficit en sommeil. Par conséquent, si vous prenez du retard dans votre sommeil, il suffira généralement de quelques nuits consécutives de sommeil profond et ininterrompu pour vous ramener à votre pleine capacité de fonctionnement.

Il y a cinq ans, j'ai cessé d'utiliser un réveille-matin et j'ai décidé de me lever

« Le manque de **sensibilisation** généralisé à l'égard du manque de **sommeil** prend, à mon avis, le caractère d'une **urgence** nationale. »
DR WILLIAM DEMENT

tout simplement quand mon corps serait prêt. Bien sûr, il fallait que je me couche assez tôt pour pouvoir me lever naturellement et être quand même à l'heure au travail, mais les résultats ont été spectaculaires. Depuis, je me sens chaque jour beaucoup mieux. C'est aussi le cas de mes patients qui ont commencé à dormir tout leur soûl.

Prescriptions

- Évaluez votre situation en matière de sommeil. Combien d'heures de sommeil vous faut-il présentement ? Combien d'heures vous faut-il pour que vous fonctionniez à votre mieux ? Comment cela s'est-il passé avec les cinq questions sur le sommeil ?
- Couchez-vous une demi-heure plus tôt au cours des trois ou quatre prochains jours et voyez ce qui en résultera.
- Puis couchez-vous une heure plus tôt pendant quelques jours.
- Continuez ainsi à vous accorder plus de temps de sommeil jusqu'à ce que vous parveniez à vous réveiller naturellement et reposé.
- Faites la grasse matinée la fin de semaine, dormez une heure ou deux de plus.

DR DAVID POSEN

Une bonne nuit de sommeil est la meilleure façon de commencer la journée. Ne partez pas sans lui !

La caféine

Un agent stressant étonnamment subtil

Une fête d'anniversaire stimulante, vous dites! Mon épouse et moi avions été invités dans un restaurant pour célébrer un cinquantième anniversaire de naissance, un jeudi soir. Nous étions quatre couples. Conversations animées, vin, éclats de rire, bref, une soirée des plus amusantes. Le gâteau de fête a été servi à environ 10 h 30.

Ce n'était pas le gâteau type, mais plutôt un somptueux spectacle au chocolat à côté duquel une tarte au chocolat noir eût fait figure de tranquillisant. Appelons cela « comment se donner la mort en mangeant du chocolat! » Il était fabuleux. Ma femme et moi nous nous sommes regardés, pensant la même chose: ce monstre plein de caféine valait-il que nous nous privions de quelques heures de sommeil? Nous nous sommes raisonnés et avons conclu qu'il ne fallait pas froisser nos hôtes, mais en réalité rien au monde ne m'aurait fait manquer ce gâteau. Nous avons alors décidé de nous y attaquer, et il était aussi délicieux qu'il en avait l'air.

Ensuite, nous sommes rentrés. Minuit a sonné, puis une heure du matin. Nous étions surexcités. Nous nous sommes finalement laissés gagner par le sommeil aux environs de 2 h 00. Et, encore une fois, je me suis rappelé l'effet de la caféine sur le stress et le sommeil.

S'il est une intervention qui s'est avérée rentable au cours de toutes ces années de pratique comme spécialiste du stress, c'est bien celle visant à faire abandonner la caféine. La caféine est tellement acceptée socialement que nous oublions qu'il s'agit d'une drogue. Que dis-je, un *puissant* stimulant. Elle stimule la libération d'adrénaline et bloque le récepteur de l'adénosine, une substance relaxante présente dans le cerveau. Le résultat est

> Le **café**, c'est du
> « stress dans une **tasse** ».

qu'elle met votre corps en état d'excitation et produit une réaction de stress. Pour moi, le café, c'est du « stress dans une tasse ».

Une étude, menée par l'Université Duke, a montré que les personnes qui consommaient deux ou trois tasses de café à l'intérieur d'une période de quatre heures présentaient un taux d'adrénaline supérieur de 37 % à celui du groupe témoin non consommateur de café. C'est beaucoup d'adrénaline à l'assaut de votre corps pour relativement peu de bienfaits.

Je demande à tous mes nouveaux patients de tenter une expérience : abandonner la caféine le temps qu'il faut pour sentir une différence. Je leur demande d'abord de tenir trois semaines. S'ils se sentent mieux sans caféine, ils peuvent décider de ne plus en consommer ; s'ils ne remarquent pas de différence, ils peuvent reprendre leur vieille habitude.

Les résultats sont impressionnants. Soixante-quinze à quatre-vingt pour cent de mes patients se sentent mieux sans caféine et nombre d'entre eux se sentent vraiment beaucoup mieux. J'entends des témoignages du genre : « Quelle différence ! je n'en reviens pas », « C'est incroyable ! », « Pourquoi ne m'a-t-on pas dit cela avant ? » Et la plupart d'entre eux n'en consomment plus après cela, sauf pour ce qui est de la tasse de café ou de thé le matin.

Les bienfaits comprennent, entre autres, la sensation d'être plus calme et relaxe, un sommeil de meilleure qualité et une énergie accrue, moins de brûlures d'estomac et de douleurs musculaires. Même des participants à mes séminaires reviennent me dire combien ils se sentent mieux sans caféine.

Que penser des 20 % à 25 % qui n'ont pas noté de différence ? Lorsqu'ils ont recommencé à consommer de la caféine, beaucoup ont perçu une drôle de sensation inconnue jusque-là. Les effets de la caféine sont subtils. Le corps s'y habitue. Un collègue microchirurgien m'a dit quelque chose d'intéressant. Il a remarqué qu'après deux tasses de café, il pouvait voir sa main trembler légèrement au microscope, bien que ce fût impossible à l'œil nu. C'est dire combien les effets peuvent être subtils

On trouve de la caféine dans le café, le thé, les colas (tels le Coke ou le Pepsi) et le chocolat. On en trouve aussi dans d'autres boissons gazeuses (le Mountain Dew aux États-Unis et la Barq's Root Beer, par exemple) et dans certains médicaments. Par conséquent, il vous faudra lire les étiquettes. Même le déca contient un peu de caféine, je vous conseille donc de ne pas y toucher non plus pendant l'expérience.

Comme s'il n'était pas suffisant qu'elle stimule votre stress le jour, la caféine trouble aussi votre sommeil. Elle peut causer l'insomnie (comme ce gâteau d'anniversaire). Beaucoup de gens ne croient pas que la caféine ait un effet sur eux, mais les études en laboratoire montrent que, même si elle ne les tient pas éveillés, la caféine gêne les cycles de sommeil profond ; ils trouvent la quantité mais non la qualité de sommeil dont ils ont besoin pour se sentir parfaitement reposés et remis.

La caféine pénètre dans votre système en quelques minutes, atteint son maximum en une heure environ et demeure dans le système six à dix heures (et davantage avec l'âge – une autre chose à considérer…). Les femmes sous contraceptifs oraux prennent jusqu'à dix-huit heures pour éliminer la caféine et chez les femmes enceintes, il y a plus de chances que ce soit vingt-quatre heures.

Et cela s'accumule. Le café que vous buvez au souper s'ajoute à la caféine du café ou du thé de l'après-midi et à celle du Coke que vous prenez en soirée. C'est beaucoup de caféine toujours présente au moment d'aller au lit.

Prescriptions

- Calculez votre apport quotidien en caféine (café, thé, colas et chocolat).
- Éliminez la caféine graduellement. **N'arrêtez pas brusquement** car vous auriez de terribles migraines dues au sevrage. Diminuez à raison d'une portion par jour jusqu'à ce que vous l'ayez éliminée complètement.
- Si vous avez des maux de tête, demeurez à ce niveau pendant quelques jours (ou même augmentez légèrement votre apport) jusqu'à ce que vos céphalées disparaissent. Puis recommencez à réduire votre apport quotidien.
- Ne consommez pas de caféine pendant trois semaines.
- Si vous recommencez à consommer de la caféine après l'expérience, limitez-vous à une ou deux tasses par jour. Et ne prenez plus de caféine après 12h00 ou 13h00 de façon à ce qu'elle soit éliminée de votre système au moment du coucher.

DR DAVID POSEN

J'évite la caféine, surtout le soir. Mais je me laisse toujours tenter par les gâteaux d'anniversaire décadents au chocolat !

Mettre votre travail en perspective

Prenez du recul et soyez philosophe

Nous avons finalement loué le long métrage d'animation *Antz*. Si vous avez déjà observé une colonie de fourmis en vous demandant: « Mais qu'est-ce qu'elles peuvent bien faire ? À quoi cela rime-t-il ? », vous n'êtes pas le seul. Le personnage principal du film, Zee, se pose la même question. Empruntant la voix de Woody Allen (superbement râleur et geignard), Zee remet en question la vie ennuyeuse de la fourmi ouvrière et aspire à quelque chose de plus grand. Il peut servir de modèle à ceux qui ont l'impression de travailler comme des forçats.

Certaines personnes font littéralement du travail leur raison de vivre. Un sondage, mené par Statistique Canada en 1998, révélait que 27 % des Canadiens se considéraient comme des obsédés du travail. Je suis certain qu'ils ne sont pas tous transportés à l'idée de trimer sans relâche, mais ils ont permis que le travail occupe tout leur temps, envahisse leurs pensées et éclipse les autres parties de l'existence. Le titre d'un livre paru récemment résume

> Nous sommes des êtres finis qui essayons de **travailler** sans nous fixer de **limites**. Mais notre **physiologie** nous rattrape.

bien ce phénomène: *The Man Who Mistook his Job for a Life* (L'Homme qui prenait son travail pour la vie). Quand on est un marteau, tout ressemble à un clou; quand on est une abeille ouvrière, tout ressemble au travail. Demandez à Zee, la fourmi.

Il y a deux façons de réduire la sensation de stress qu'engendre un travail prenant. L'une consiste à réorganiser son travail: réduire le nombre d'heures et équilibrer un peu mieux sa vie; l'autre à le concevoir de façon différente. Plutôt que de vous sentir irrité, mettez votre travail en perspective. Voici quelques pensées à prendre en considération :

Vous êtes ici par choix. À moins qu'on ne vous ait sorti ivre mort d'un bar local (c'est ainsi qu'on « recrutait » les marins britanniques au XVIe siècle), vous avez choisi votre travail. Et vous *réaffirmez* ce choix tous les jours en vous y rendant.

Vous n'êtes pas seul. Regardez autour de vous. La plupart des gens se sentent submergés et de temps en temps dépassés. Il n'y a rien d'anormal dans votre cas ! Le milieu de travail est difficile pour tout le monde aujourd'hui.

Vous ne pouvez faire plus que ce que vous pouvez faire. Nous sommes des êtres finis qui essayons de travailler sans nous fixer de limites. Mais notre physiologie nous rattrape. Vous ne pouvez faire plus. Modifiez vos attentes ; vous ne pouvez tout faire. Cessez d'essayer.

Concentrez-vous sur ce qu'il y a de positif dans votre travail. Les gens ne travaillent pas seulement pour la paye. Que votre travail vous offre-t-il d'*autre* ? Stimulation, occasion de vous surpasser, acquisition de nouvelles connaissances, développement de liens, camaraderie, diversité, excitation et recherche d'un sens dans la façon dont votre travail a des conséquences sur les autres sont quelques-uns des bienfaits qu'offre un travail. Lorsque vous êtes découragé, prenez du recul et rappelez-vous les bons côtés qu'offre votre travail.

Concentrez-vous sur ce que vous avez et non sur ce que vous n'avez pas. Quand on est débordé de travail, il est facile d'éprouver un sentiment d'insatisfaction ou de se sentir frustré parce qu'on n'a pas encore tout terminé. Dans le milieu de travail d'aujourd'hui, il est pratiquement impossible de voir la fin d'un travail. Et même si vous y parveniez, il y a d'autres tâches à valeur ajoutée que vous pouvez faire. Au lieu de vous décourager et de vous réprimander pour les choses que vous n'avez pas faites ou terminées, remerciez-vous pour ce que vous avez accompli à la fin de chaque journée. Des phrases du genre « Ce fut une journée vraiment productive aujourd'hui» ou «J'en ai abattu du boulot aujourd'hui» vous aideront à accorder une importance particulière à la chose.

Vous valez plus que votre travail. Un article paru dans le *National Post*, en décembre 2000, affirmait: «À Edmonton ou à Toronto, les gens vivent pour travailler. Ici, (à Vancouver), ils travaillent pour vivre. »

> «Parler et réfléchir sont les armes par excellence contre le stress.»
>
> J. CLAYTON LAFFERTY

(La montagne et la plage n'ont jamais fait de mal à personne, j'en suis sûr.) Je crois que la mentalité de la Colombie-Britannique est beaucoup plus saine que l'éthique du travail prévalant à Toronto axée sur le travail à outrance. Rappelez-vous que vous n'êtes pas votre travail et que celui-ci n'est pas votre vie. Votre travail n'est que ce que vous *faites* et non qui vous *êtes*.

Éloignez-vous de votre travail et vous découvrirez qu'il y a une vie en dehors de lui. La meilleure façon de mettre votre travail en perspective est de prendre du recul par rapport à lui. Je vois toujours plus clair dans mon travail quand je m'en éloigne – surtout quand je suis en vacances. Non parce que je m'appesantis sur le travail lorsque je suis en vacances (si c'était le cas, je n'en parlerais pas dans un livre sur l'importance d'équilibrer sa vie!), mais de petites trouvailles perspicaces et des idées utiles me viennent à l'esprit à l'occasion lorsque je suis dans un environnement totalement différent. Vous pouvez essayer d'y voir clair en allant faire une marche à la campagne ou en prenant congé un soir pour assister à un concert de l'orchestre symphonique. Pensez à la vie que vous vous êtes créée et mettez-la en contexte, ou réglez la question – ou les deux. (Il se peut même que vous en arriviez à admettre que vous vous êtes trompé de travail et que le temps est venu d'en trouver un autre.)

Prescriptions

• Gardez une ou deux heures en réserve cette semaine pour vous éloigner complètement du travail. Allez vous promener dans le port, assoyez-vous autour d'un feu, allez faire une grande marche, ou prenez la voiture et allez faire un tour à la campagne.

• Demandez-vous ce que vous aimez le plus dans votre travail et dans votre vie personnelle.

• Quelles sont les choses qui ne fonctionnent pas si bien ? (Qu'aimeriez-vous changer ?)

• Choisissez un point sur lequel travailler, un changement, petit ou grand, que vous pourriez faire cette semaine pour améliorer votre situation.

• À la fin de la journée, pensez à ce que vous avez aimé faire, à ce que vous avez accompli, et reconnaissez-en l'existence.

Dr David Posen

Zee a eu le cran d'imaginer une vie meilleure et le courage de la chercher et de la trouver. Si une petite fourmi peut faire cela, tout le monde peut espérer s'en sortir.

Comment laisser le travail au bureau

Ils ne vous paient pas pour vingt-quatre heures

Vous savez que vous êtes amoureux quand vous ne pouvez cesser de penser à votre bien-aimée. Que signifie alors que vous ne puissiez cesser de penser à votre travail ? Que vous aimez votre travail ? Probablement pas. Que votre employeur vous paie grassement pour se réserver votre force de travail le jour et votre liberté de penser le soir ? Si seulement vous aviez un salaire astronomique ! (Et combien devrait-il débourser pour acheter votre liberté de penser vingt-quatre heures sur vingt-quatre ?) Pourtant, quelque chose force votre esprit à revenir au travail comme s'il s'agissait du réglage par défaut d'un ordinateur.

Beaucoup de personnes me disent qu'elles pensent souvent au travail quand elles n'y sont plus. L'exemple le plus frappant est quand elles se réveillent au milieu de la nuit, fin prêtes, surtout si elles ont du mal à cesser d'y penser.

Il fut un temps où les gens se rendaient au boulot, travaillaient le nombre d'heures prévues, pointaient et oubliaient le travail jusqu'au lendemain. Ils maintenaient une saine séparation entre travail et vie familiale ou personnelle. Aujourd'hui, le temps passé au travail est moins bien défini. La ligne entre le travail et la vie personnelle s'est estompée et le travail nous suit au sens littéral (dans notre porte-documents) et figuré (dans notre tête) à la maison. Il empiète sur notre vie.

> Le temps est venu de tracer des **frontières**, de laisser le **travail** là où il doit être et de faire de la place pour les **relations** et les **activités** importantes.

Le temps est venu de tracer des frontières, de laisser le travail là où il doit être et de faire de la place pour les relations et les activités importantes ; même pour des temps d'arrêt juste pour relaxer. Voici quelques suggestions pour laisser le travail au bureau :

N'apportez pas de travail à la maison. Si vous ne le traînez pas avec vous, vous ne pourrez pas le faire. Lorsque vous apportez votre travail à la maison, deux choses peuvent se produire : ou bien il vous entraîne dans une activité reliée au travail ou il reste là à vous narguer : « Et moi, alors ? »

À la maison, débranchez-vous. La bonne nouvelle avec la technologie, c'est que les gens peuvent vous joindre n'importe où. La mauvaise nouvelle avec la technologie, c'est que les gens peuvent vous joindre n'importe où. Fermez tous vos gadgets technologiques et retirez ce qu'il y a sur le bureau pour que vous puissiez faire autre chose le soir et les fins de semaine (Nintendo, jeux électroniques ou DVD). Enfin, je veux dire : débranchez tout ce qui vous relie technologiquement au travail.

Faites-vous une vie vers laquelle aller après le travail. J'avais demandé qu'on me livre quelque chose et la personne m'a offert de venir me le porter la fin de semaine suivante. Je lui ai dit que je ne voulais pas m'introduire dans sa vie personnelle. « Je n'ai pas de vie de toute façon, m'a-t-elle répondu, avec le sourire. » Son attitude m'attrista profondément. Créez-vous des activités irrésistibles et des relations agréables vers lesquelles vous serez attiré dans vos temps libres. En d'autres termes, profitez de la vie !

Cessez de penser au travail. Cloisonnez-vous. Astreignez-vous à empêcher votre esprit de vagabonder du côté du travail lorsque vous n'êtes plus au bureau. Trouvez des moyens de faire diversion, de vous distraire.

Mettez vos problèmes de côté. Une patiente m'a dit qu'elle s'imaginait mettant les problèmes du travail sur un rayon quand elle arrivait à la maison, et qu'elle ne les reprenait pas avant d'être prête à partir pour le travail le lendemain. En voilà une discipline intéressante. Mais elle aurait pu faire un pas de plus et les mettre sur un rayon au moment de quitter le boulot au lieu d'avoir à les transporter de la maison au bureau.

Organisez l'horaire de la journée suivante avant de partir. C'est un bon moment pour l'organiser parce que tout est frais à votre mémoire et que vous savez à quelles priorités vous travaillez. Ensuite vous pouvez débrancher et libérer votre esprit pour autre chose. À la fin de la journée, vous aurez le sentiment du travail accompli et vous pourrez démarrer sur les chapeaux de roue le lendemain.

Créez une zone tampon, un temps de décompression entre le travail et la maison. C'est ce que font les Britanniques quand ils s'arrêtent au pub avant de rentrer à la maison, histoire de s'humecter le gosier et de rigoler un peu. Arrêtez-vous au centre sportif ou rencontrez un copain. Lorsque vous arrivez à la maison, allez faire une marche ou prenez un bain chaud avant de commencer à préparer le souper.

Changez de vêtements en arrivant à la maison. Comme le disait un de mes patients : « Tant que j'ai ces vêtements sur le dos, je me sens toujours au travail. » Passer des vêtements plus confortables crée une séparation et aide à se mettre dans un état d'esprit relax pour la soirée.

Prescriptions

- Commencez par laisser votre mallette, votre ordinateur portatif et toute documentation écrite liée au travail au bureau.
- Cessez de faire des appels téléphoniques en rapport avec le travail ou de vous occuper de votre courrier vocal ou électronique en dehors des heures de bureau.
- Si un problème (ou même une solution ou une bonne idée) vous vient à l'esprit à la maison, écrivez-le rapidement et rangez le bout de papier. Ne vous en occupez pas avant que vous soyez de retour au travail.
- Rédigez l'horaire de la journée suivante avant de quitter le travail.
- Videz votre bureau (ou organisez-le) à la fin de la journée, même si toutes vos tâches ne sont pas terminées.

DR DAVID POSEN

Pour la majorité d'entre nous, la semaine de travail est assez longue. Ne la prolongeons pas. Et qui sait ? En travaillant moins, vous finirez peut-être par aimer davantage votre travail.

Votre temps vous appartient

Petit train va loin

Quand je faisais mon internat à Edmonton, en Alberta, je me suis découvert une heure de liberté par jour dont j'ignorais l'existence jusque-là. Étudiant à l'Université de Toronto, que j'ai fréquentée pendant six ans, j'habitais à environ une demi-heure du campus. Cela voulait dire une heure et plus de transport chaque jour. Je n'y avais jamais vraiment pensé, la vie était ainsi faite.

> **« Je me volais une heure par jour. »**

Mais lorsque je suis arrivé à Edmonton, on m'a offert de loger dans une résidence réservée au personnel de l'hôpital située à 50 mètres de mon lieu de travail. Quelque chose d'ahurissant m'est alors apparu : je pouvais quitter mon appartement à 7 h 58 et arriver au travail une minute à l'avance. En quittant l'hôpital à 18 h 00, j'étais à la maison à 18 h 01. Habiter près de l'hôpital me donnait une heure de plus tous les jours. C'est une heure à laquelle je n'ai jamais renoncé depuis. Après cette année-là, j'ai décidé de ne plus jamais vivre à plus de dix minutes de mon travail et j'ai tenu promesse. Sur le plan de l'équilibre travail et vie personnelle, ce fut extrêmement bienfaisant.

Au cours des mes quatorze années de pratique comme médecin généraliste, mes heures de bureau ont fluctué. J'ai commencé par travailler de 8 h 00 à 18 h 00 et j'ai progressivement prolongé ma journée jusqu'à 19 h 00. Après la naissance de notre premier enfant, j'ai décidé de quitter le bureau à 18 h 00, comme auparavant, et de m'accorder une heure par jour, chose que je m'étais interdite pendant de nombreuses années.

L'équilibre travail et vie personnelle est devenu difficile à atteindre pour la plupart d'entre nous. Sa quête implique que nous

jonglions avec plusieurs éléments, et le premier concerne l'équilibre du temps consacré au travail et du temps consacré à la vie
hors de celui-ci. Je me représente la chose sous la forme d'un
cercle comblé à 60 % par le travail et à 40 % par la vie personnelle. Si vous pouvez déplacer légèrement la ligne vers la gauche,
vous jouirez de plus de temps du côté « vie » ou « hors du travail » du cercle (voir le schéma ci-dessous).

Petit train va loin. Le docteur Juliet Schor a fait le calcul dans
son merveilleux livre intitulé *The Overworked American*
(L'Américain surchargé de travail). J'ai résumé le résultat de ses
recherches dans le schéma suivant.

Équilibre travail et vie personnelle
« Le premier élément avec lequel jongler »

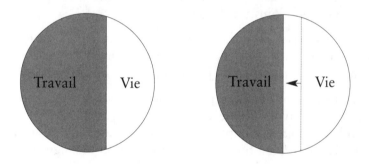

48 minutes par jour

> = 4 heures par semaine
>
> = 200 heures par année (à 50 semaines par année)
>
> = 4 semaines par année (à 50 heures par semaine)
>
> = 1 mois par année

Ce qui signifie qu'en réduisant vos heures de travail d'un peu
moins d'une heure par jour, vous aurez droit à l'équivalent d'un
mois de temps libre pour faire autre chose sur une période d'une
année. (Ça ne veut pas dire que si vous travaillez ces 48 minutes

de plus par jour, vous aurez le droit de prendre le mois d'août de congé, mais je n'ai pas dit mon dernier mot !) On ne peut pas cracher sur l'équivalent d'un mois de temps libre par année.

Quitter le travail plus tôt demande un peu d'organisation et de planification. Mais c'est surtout une question de discipline et de détermination. Et les gains sont considérables.

Beaucoup de mes patients ont aimé l'expérience visant à reconquérir ce temps qui est le leur. L'un d'eux était une directrice d'entreprise qui passait dix heures par jour au bureau sans compter le temps consacré au transport, soit une heure deux fois par jour. Sa journée de travail était donc de douze heures porte à porte. Elle est venue me voir parce qu'elle était stressée et épuisée (on le serait à moins). Elle m'a dit : « Je sais que je ne suis pas productive en travaillant de si longues heures, mais c'est une situation sans issue. » Je lui ai suggéré de tenter l'expérience de partir une heure plus tôt du bureau.

Trois semaines plus tard, elle était de retour. « C'est beaucoup mieux. Et j'abats toujours la même quantité de travail. » Elle résuma ainsi son propos : « Je me volais une heure par jour. »

Un autre patient avait un patron obsédé par le travail qui ne semblait pas avoir de vie en dehors du bureau. Après avoir travaillé des soirées complètes et de nombreuses fins de semaine des mois durant, il a finalement décidé de tirer une ligne et d'arrêter d'être disponible après les heures de bureau. Il a ainsi récupéré une partie de sa vie qu'il avait laissée entre les mains d'un patron plus intéressé aux réunions et à la présence de ses employés à des heures indues qu'à leur bien-être.

> Si vous ne prenez pas le **contrôle** de votre **vie**, quelqu'un d'autre s'en **chargera**.

Bien sûr, de nombreuses personnes doivent travailler le soir et les fins de semaine, ou l'un ou l'autre, mais il y a aussi beaucoup de gens qui permettent inutilement à leur travail de se glisser dans le sanctuaire familial ou de la vie personnelle. C'est le groupe de ceux qui peuvent « reprendre possession de leur vie » s'ils le désirent.

Prescriptions

• Calculez le nombre d'heures par semaine que vous travaillez présentement et écrivez-le sur un bout de papier.

• Ensuite, calculez, au cours des prochains jours, le nombre réel d'heures que vous consacrez au travail (y compris le temps nécessaire au transport et celui consacré au travail fait à la maison) et calculez vos heures par semaine. Travaillez-vous plus d'heures que vous croyiez ?

• La semaine prochaine, prenez arbitrairement la décision de quitter le travail trente ou quarante-cinq minutes plus tôt (ou commencez plus tard). Et maintenez votre position.

• Réévaluez la situation au bout de trois semaines et réduisez encore vos heures si vous en travaillez plus de neuf par jour.

• Commencez à protéger vos soirées et vos fins de semaine. Marquez « zone interdite au travail ! » dans votre agenda.

DR DAVID POSEN

Quand j'habitais à la résidence du personnel de l'hôpital à Edmonton, j'ai beaucoup appris sur l'importance de reconquérir son temps. Mais cette résidence m'a aussi été bénéfique pour autre chose : j'y ai appris à jouer au billard dans mes temps libres ; un savoir-faire qui s'avère encore fort utile à l'occasion.

Trouver du temps pour les loisirs

Comment trouver du temps

« Je suis débordée. Je ne dors plus. Je n'en peux plus. C'est ainsi que Barbara se sentait face aux nombreuses responsabilités que la vie lui imposait. Elle était directrice dans une entreprise d'envergure et mère d'un enfant en bas âge. Elle cherchait de l'aide parce qu'elle voulait être plus efficace et mieux organisée. » À la fin de notre première rencontre, je lui ai recommandé de lire mon livre intitulé *Always Change a Losing Game* et nous nous sommes mis d'accord pour nous rencontrer trois semaines plus tard.

À son retour, elle m'a confié qu'elle avait fait une découverte importante : « Je ne me posais pas les bonnes questions, dit-elle, au lieu de me demander comment faire plus, j'aurais dû me demander pourquoi suis-je toujours en train d'en faire autant. » Elle consacrait 90 % de son temps et de son énergie à son travail et aux tâches ménagères, et s'accordait très peu de temps libre. Elle a décidé de réduire ses heures de travail (elle faisait beaucoup d'heures supplémentaires non payées) pour passer plus de temps avec sa fille et s'adonner à l'une de ses grandes passions, la lecture. En modifiant son horaire, son niveau de stress a baissé et la vie au quotidien lui a été plus agréable.

Nos vies grouillantes d'activités souffrent d'une pénurie de loisirs. De plus en plus de personnes passent leur temps libre à faire le ménage, les courses et l'épicerie.

Que peut-on y faire ? Comment peut-on trouver du temps pour des loisirs quand on manque de temps ? D'abord, à l'instar de Barbara, il faut voir les choses autrement et changer nos priorités. Une façon de trouver du temps, ce peut être de *vous donner la permission* de faire des choses pour vous-même et d'*en faire* une priorité.

On a demandé au docteur Roger Mellott, un spécialiste du stress en Louisiane, de résumer en une phrase ce qu'était la gestion du stress. Il lui a fallu neuf mots : « Trouvez vos valeurs et adoptez le comportement qui convient. » Décidez ce qui est important pour vous et vivez en harmonie avec ces valeurs.

> « Trouvez vos **valeurs** et adoptez le **comportement** qui convient. »
>
> Dr Roger Mellott

Voici quelques suggestions supplémentaires qui vous aideront à trouver du temps pour les loisirs :

- **Faites alterner vos valeurs.** Le travail est une valeur fondamentale pour la plupart d'entre nous. À vrai dire, nous lui consacrons notre temps le plus précieux et le meilleur de notre énergie. La famille est également une valeur fondamentale. Le docteur Mellott suggère de « faire alterner nos valeurs » si nous voulons trouver du temps pour faire des choses importantes. Ainsi, quand il revient d'un voyage d'affaires où la priorité a été donnée au travail, il se réadapte et fait de sa famille le principal centre d'intérêt.

  Mais nous avons aussi besoin de trouver du temps pour nous. Ma devise est « Faites quelque chose pour vous tous les jours » (pendant au moins une heure les jours de semaine et deux heures les jours de fins de semaine). Il n'est pas nécessaire de le faire en une seule fois. Vous pouvez aller vous promener une demi-heure à l'heure du dîner et lire trente minutes en soirée.

- **Combinez vos valeurs.** J'ai connu un couple passionné de golf qui avait deux enfants âgés respectivement de six et huit ans. Or, ils ont trouvé une façon novatrice de combiner leurs passions : ils ont emmené les enfants au golf. Mais ceux-ci n'étaient pas que de simples spectateurs. Chacun des parents faisait monter un enfant avec lui dans une voiturette. Les parents

> Faites quelque **chose** pour vous tous les **jours**.

frappaient la balle au départ et l'allée leur appartenait, le vert était l'affaire des jeunes. Le résultat était une sortie en famille au cours de laquelle les parents s'adonnaient à leur passion pour le golf tout en s'amusant avec les enfants.

- **Argent contre temps.** Une autre façon de trouver du temps pour les loisirs est d'en acheter. Embaucher quelqu'un pour tondre la pelouse, pelleter la neige, faire le ménage ou garder les enfants vous laissera du temps précieux pour vous détendre, jouer au tennis ou rencontrer des amis. Je prends le train plutôt que la voiture pour me rendre à Toronto parce que le parcours me permet de lire et de me relaxer. Achetez un deuxième réfrigérateur pour stocker des aliments en vrac et vous irez moins souvent à l'épicerie. Des mets à emporter ou livrés vous épargneront le temps de cuisson, lequel peut être utilisé à autre chose.

> « J'ai un **foyer** à micro-ondes. Vous pouvez vous étendre devant toute la soirée en **huit minutes.** »
>
> STEVEN WRIGHT

- **Apprenez à prendre des raccourcis.** Les lits n'ont pas besoin d'être faits à la perfection. Vous n'avez pas besoin de repasser les draps ou les T-shirts. Pelletez ce qu'il faut de neige pour pouvoir sortir, vous n'avez pas besoin de faire une œuvre d'art.

- **Débarrassez-vous de la culpabilité.** Ce n'est pas un luxe que d'avoir des loisirs. C'est une nécessité. Et c'est d'une importance capitale pour la santé, l'énergie, la productivité et la réduction du stress. Pensez à ce que vous faites dans vos loisirs : vous faites de l'exercice, jouez aux cartes, passez du temps avec votre famille ou vos amis, vous relaxez, lisez, écoutez ou jouez de la musique, vous adonnez à votre passe-temps préféré. Quelle loi ou quel code moral ces activités vous font-elles enfreindre ? Vous n'avez aucune raison de vous sentir coupable.

Prescriptions

- Choisissez une activité de loisir pour laquelle vous aimeriez trouver du temps. Déterminez, de façon réaliste, combien de fois vous pouvez la faire au cours d'une semaine moyenne.
- Choisissez le meilleur temps pour la faire (une grille de mots croisés à l'heure du midi ou courir après le travail).
- Fixez-vous un moment dans la semaine où vous commencerez.
- Inscrivez-le à l'horaire ou dans votre agenda.
- Réfutez les messages de culpabilité. Rappelez-vous que vous avez besoin de temps de loisir pour maintenir votre santé physique et mentale. Encore mieux, rappelez-vous combien vous travaillez fort. Vous méritez bien une pause.

DR DAVID POSEN

Barbara a trouvé l'équilibre et du temps de loisir en suivant son instinct et en vivant en harmonie avec ses valeurs. C'est une formule qui vaut la peine d'être imitée.

Croyances opposant travail et loisirs

Les règles secrètes qui gouvernent votre vie

« Combien parmi vous se sentiraient à l'aise, un soir d'été, de se lever de table et d'aller faire une marche ou une randonnée à bicyclette sans avoir nettoyé la cuisinière et fait la vaisselle ? » C'est la question que j'ai posée lors d'un de mes séminaires sur l'équilibre travail et vie personnelle. Quelques âmes libérées ont levé la main, mais la plupart des gens se sont sentis embarrassés par la question (il y en a même eu que l'idée faisait frémir). Nous avons ensuite examiné ce qui se cachait derrière cette réticence, pour découvrir qu'elle était fondée sur une série de croyances concernant le travail et les loisirs dont la plus fondamentale se résumait à quelques mots : « Le travail passe avant le plaisir. » Alors que nous poussions plus loin l'investigation, quelqu'un a laissé échapper : « Pas question de m'amuser avant que ma maison soit propre ! » Elle ne l'avait pas sitôt dit qu'elle parut surprise de sa propre découverte. Cette phrase avait été présente dans sa tête de nombreuses années (et guidait son comportement), mais elle n'en avait jamais pris conscience avant ce moment.

> **Nous considérons nos croyances** comme **vraies**, alors elles se **transforment** en vérité.

Notez la certitude avec laquelle la remarque fut faite ; comme s'il s'était agi d'une vérité fondamentale, irréfutable de la vie. C'est ce qui rend les systèmes de croyances si fascinants.

Voici pourquoi les croyances sont si puissantes :

- Les croyances sont des suppositions que nous faisons au sujet du déroulement des choses, de la façon dont les gens devraient se comporter et dont le monde fonctionne.

- Les croyances sont généralement subconscientes. Nous ignorons leur existence et leur influence sur nous. Elles ont, en fait, d'autant plus d'influence sur nous qu'elles sont secrètes.

- Nous considérons nos croyances comme vraies. Elles se transforment donc en vérités.

- Les croyances guident et dictent souvent notre comportement et nos décisions. Elles gouvernent littéralement notre vie. (Et vous pensiez que c'était votre mère, votre patron ou votre titulaire !)

Avec le temps, j'ai rédigé une liste de croyances opposant équilibre et loisirs. La plupart des gens qui ont fait ces affirmations ont été surpris de s'entendre dicter des règles qui leur semblaient venir de nulle part.

Croyances populaires

- Vous devez satisfaire les besoins des autres avant les vôtres.
- On n'est jamais mieux servi que par soi-même.
- Ne jamais remettre à demain ce qu'on peut faire aujourd'hui.
- Il faut toujours se tenir occupé.
- Les loisirs sont un luxe.
- Il faut essayer de faire tout pour tous.
- Le sommeil, c'est pour les femmelettes.
- Une femme n'a jamais fini son travail.
- Quand on fait quelque chose, il faut le faire le mieux possible.
- On ne devrait pas regarder la télévision le jour (même les fins de semaine).

Croyances concernant le travail

- Il n'y a qu'une façon de réussir, c'est de travailler fort et beaucoup.

- C'est en travaillant dur qu'on fait de l'argent et qu'on a du succès.

- Se faire voir est synonyme d'engagement.

- Je n'ai pas besoin de pauses.

- Dire non est inacceptable et par conséquent ne constitue pas un choix.

- C'est montrer sa faiblesse que de demander de l'aide.

- Si votre patron est sur les lieux, vous devriez y être aussi.

- Il faut que je sois disponible 24 heures sur 24, sept jours par semaine.

- Se sacrifier pour le travail est honorable.

- Tout est permis quand on veut livrer la marchandise, avancer ou réussir.

> « Tout le monde devrait **croire** en quelque chose. Pour ma part, je crois que je vais **prendre** un autre verre ! »
>
> ANONYME

Ces affirmations ont été faites par de vraies personnes. Il n'est pas étonnant que l'équilibre soit si difficile à atteindre et les loisirs si rares.

Les phrases dans lesquelles on retrouve les mots « on devrait », « il faut » ou « on doit » sont généralement du domaine des croyances. Les généralisations et les jugements du genre « Les gens qui partent de bonne heure sont des fainéants » sont aussi du domaine des croyances. Le problème avec les croyances, c'est qu'elles ne nous rendent pas souvent service. Pour mieux contrôler notre vie et atteindre un meilleur équilibre, il nous faut faire trois choses (oh ! ça ressemble à une autre croyance !). Reprenons « Je suggère que nous fassions trois choses :

- Identifiez vos croyances opposant travail et loisirs.

• Remettez en question ces croyances. Cessez de les prendre pour la vérité. Élevez-les à la lumière et regardez-les d'un œil critique. Les croyances ne sont pas la vérité, mais simplement *notre version* de la vérité, notre *opinion* sur les choses.

• Revoyez les croyances qui vous restreignent et remplacez-les par de nouvelles (ou élargissez-les de façon qu'on puisse y inclure plus de choses et qu'elles soient moins rigides).

Voici quelques exemples de croyances plus constructives :

• Il est bien, et même souhaitable, de garder du temps pour moi tous les jours.

• Les loisirs ne sont pas un luxe, ils sont essentiels à la santé, à l'énergie et à la productivité en milieu de travail.

• Il y a des moments où il est bien, voire nécessaire, de dire non.

• Prendre des pauses améliore vraiment la performance au travail.

• Il est possible de satisfaire mes propres besoins et ceux des autres. Je peux faire les deux.

• Les autres peuvent faire les choses aussi bien que moi et parfois mieux (ou, du moins, assez bien).

Prescriptions

- Cette semaine, commencez à noter vos priorités, soit l'ordre dans lequel vous faites les choses, et observez comment votre système de croyances influence vos choix quotidiens.
- Commencez à vous poser des questions susceptibles de faire apparaître vos croyances secrètes («pourquoi est-ce que je travaille de longues heures?», «pourquoi est-ce que je fais des tâches domestiques alors que je préférerais être dehors?», etc.).
- Essayez de savoir d'où viennent ces croyances ou qui vous les a enseignées.
- Parlez à des personnes dont vous admirez l'équilibre. Trouvez quelles croyances les soutiennent.
- Choisissez une croyance à revoir ou à reformuler de façon qu'elle soit favorable à votre équilibre (par exemple, changez «le travail *avant* le plaisir» pour «le travail *en plus* du plaisir»).

DR DAVID POSEN

La dame qui affirma, lors du séminaire «pas question de m'amuser avant que ma maison soit propre!» est partie ce jour-là, sourire aux lèvres, contente d'avoir découvert quelque chose d'important, déterminée à remettre en question les règles qui gouvernaient sa vie et à les remplacer.

Trouver son rythme et faire des pauses

Même les magnétoscopes à cassette ont une touche pause

Un matin, durant mon internat, en 1967, j'assistais à une opération de la vésicule biliaire et l'heure du dîner approchait. Comme l'opération tirait à sa fin et que le chirurgien et le résident n'avaient plus besoin de moi, j'ai dit tout d'un coup, comme ça : « Bon, je m'en vais dîner ! » Ils ont éclaté de rire et se sont mis à m'agacer avec ça. Sans le vouloir, j'avais brisé le protocole selon lequel tout le monde devait rester jusqu'à la fin de l'intervention. Mais j'étais fatigué et la faim me tiraillait, nous devions ouvrir la clinique externe à 13 h 00 et je sentais que j'avais besoin de faire une pause. Bien sûr, cette histoire m'a suivi le reste de l'année et naturellement, on en rajoutait chaque fois.

Faire une pause augmente notre efficacité et notre productivité – et réduit le stress. Les pauses existent dans tous les sports, de la mi-temps au football au changement de côté au tennis. Les travailleurs manuels font des pauses, tout le monde comprend qu'il doit reposer ses muscles et refaire le plein d'énergie. Mais la plupart d'entre nous sommes des travailleurs du savoir aujourd'hui, et trop de gens trouvent naturel de travailler de 8 h 00 à 18 h 00 sans même s'arrêter pour dîner. Grossière erreur ! Le travail intellectuel est aussi fatigant. Nous nous trompons royalement si nous croyons que nous pouvons bien travailler sans faire de pause. Dans mes séminaires sur l'équilibre travail et vie personnelle, je demande souvent combien de participants peuvent écouter un conférencier deux heures de temps sans décrocher de temps en temps, ou lire pendant deux heures des documents en rapport avec le travail sans perdre leur concentration ? Je n'ai pas encore vu une main se lever.

> **Des pauses périodiques** augmentent, en fait, votre **productivité** et vous y trouvez toujours votre compte.

Il a été prouvé scientifiquement que nous avons besoin de pauses. Le docteur Ernest Rossi, dans son excellent livre intitulé The *20-minute break*, explique que nous fonctionnons selon des cycles de deux heures tout au long de la journée durant lesquels nos niveaux d'énergie et d'activité montent, atteignent un sommet et redescendent. Puis notre corps entre dans une espèce d'état de repos psychologique pendant environ vingt minutes.

Le docteur Rossi les appelle les cycles « ultradiens » et recommande de faire des « pauses de régénération ultradiennes ». Il suggère de profiter de ces pauses de vingt minutes pour nous reposer et récupérer puisque, de toute façon, notre productivité est réduite. En adoptant ce rythme de travail, ma propre productivité s'est considérablement accrue.

Comment savoir à quel moment vous avez besoin d'une pause ? Notre corps nous envoie des signaux. Le plus manifeste est la fatigue. Ou notre cerveau s'arrête tout bonnement de fonctionner et nous perdons notre concentration. Ou nous avons des fourmis dans les jambes et ressentons le besoin de nous étirer ou de bouger. Malheureusement, beaucoup de personnes n'accordent pas d'importance à ces symptômes et continuent de travailler. Il est préférable d'en tenir compte et de faire un léger temps d'arrêt. Si vous ne pouvez prendre vingt minutes, prenez-en dix (ou même cinq).

> Les **conférences** et les séminaires prévoient toujours des **pauses**. Si nous ne le faisions pas, vous **présenteriez**-vous la deuxième journée ?

Bien sûr, il n'est pas toujours possible de faire une pause au moment où les symptômes se présentent. Après tout, ce n'est pas si simple dans une réunion de lever la main et de dire : « Oh ! excusez-moi, mon corps vient de m'envoyer un signal, il est temps que j'aille prendre l'air. De retour dans vingt minutes. » Il suffit de prévoir au mieux le bon moment.

Vous vous demandez sans doute comment faire une pause de vingt minutes aux deux heures quand vous êtes débordé de travail. L'ironie est que les pauses périodiques augmentent, en fait, votre productivité et que vous y trouvez toujours votre compte. C'est un investissement rentable. Et il n'est pas si difficile de le faire. Les traditionnelles pauses du matin et de l'après-midi, en plus du temps alloué pour dîner, se trouvent à diviser assez bien votre journée en cycles ultradiens.

Les pauses ne servent pas qu'à refaire le plein d'énergie, elles sont aussi importantes pour réduire le stress et prendre du recul par rapport à votre travail. Elles vous procurent du temps pour réfléchir aux problèmes épineux. Lorsque je pratique le counselling, il me faut une pause entre les séances pour faire le vide et me préparer à recevoir le client suivant.

Il y a bien des façons de faire une pause. Un de mes amis dit que les pauses sont « des vacances en accéléré ». L'une des façons suivantes fera l'affaire :

- Faire une sieste réparatrice (cinq à vingt minutes).

- Faire des exercices de méditation ou de relaxation (voir pages 190 à 193).

- Se laisser aller à la rêverie.

- Faire une pause pour se nourrir (dîner ou manger un petit quelque chose de riche en énergie et faible en gras).

- Faire une marche ou une autre activité physique.

- Faire une pause pour écouter de la musique (radio ou baladeur).

- Faire une pause sociale (appeler un ami ou visiter un collègue au bout du couloir). Bien sûr, votre pause les forcera à s'arrêter aussi.

- Faire une pause aux toilettes (peut-être le seul endroit où vous aurez la paix quelques minutes).

- Faire une pause humoristique (lisez une bande dessinée ou regardez une comédie sur une bande vidéo.

- Faire une pause pour s'adonner à un passe-temps (faire des mots croisés ou des jeux de patience).

- Faire une pause pour lire (lire un article de magazine ou un livre).

- Faire une pause soleil (sortir prendre l'air et un peu de soleil).

- Faire des tâches exigeant peu de concentration. Parfois changer de tâche est aussi bienfaisant que de se reposer : classer des courriels, faire des photocopies, retourner un appel.

Prescriptions

- Regardez votre horaire. Faites-vous des pauses dans la journée ?
- Prévoyez faire au moins une pause par jour, au moins pour dîner. Décidez quel est le meilleur temps pour la faire. Inscrivez-la à votre horaire.
- Choisissez le type de pause qui vous convient le mieux.
- Commencez à surveiller votre corps et vos performances. Remarquez à quel moment votre énergie et votre concentration commencent à diminuer. Notez le tout sur un bout de papier pendant quelques jours pour voir si une tendance se dessine.
- Accordez-vous la permission d'improviser des pauses lorsque vous sentez que vous êtes en perte de vitesse. Une marche de deux minutes dans le couloir peut être suffisante pour vous ragaillardir.

Dr David Posen

Faire des pauses est important pour trouver votre rythme. Les humains ne sont pas fait pour travailler sans arrêt. Même les magnétoscopes à cassette ont une touche pause ! Prenez exemple sur la technologie, prévoyez des pauses !

Il est temps de planifier vos prochaines vacances

« Je ne pourrais jamais faire en douze mois ce que je peux faire en onze ! »

Un directeur général se présentait à mon bureau dernièrement, bronzé, tout sourire, l'air serein. Il rentrait tout juste de vacances avec sa famille au cours desquelles il s'était reposé et n'avait téléphoné qu'une fois à son bureau. Il n'avait pas apporté de réveille-matin et dès la quatrième journée, il dormait huit heures par nuit. Il projette maintenant de prendre cinq semaines de vacances par année (plutôt que deux ou trois comme c'était le cas auparavant). Un autre converti à l'importance de prendre des vacances.

Le printemps est une merveilleuse saison pour un spécialiste du stress. La plupart de mes patients se sentent mieux à cette période de l'année. J'aimerais bien m'attribuer le mérite de cette soudaine bonification collective, mais je sais que deux autres facteurs sont en cause : les jours commencent à allonger et le temps se réchauffe ; et beaucoup de gens reviennent tout juste de leurs vacances du mois de mars et se sentent reposés et revigorés.

> Prenez vos **vacances** avant que vous en ayez **besoin**. De cette façon, vous n'en aurez jamais besoin. Vous ne pourrez donc que vous payer du **bon temps**.

Comme travailleur autonome, j'ai toujours été extrêmement surpris que des salariés puissent ne pas prendre toute la durée de leurs vacances annuelles payées. Si c'est votre cas, je n'ai qu'une chose à vous dire : ne faites pas ça ! Si quelqu'un me payait pour partir en vacances, je ne continuerais certainement pas à me pointer au bureau pour travailler gratuitement. Prenez tout le temps qui vous revient de droit. Même si vous deviez rester à la maison à ne rien faire.

Tout comme nous avons besoin de pauses durant la journée pour refaire le plein d'énergie et retrouver notre concentration, il nous faut aussi des périodes de temps plus longues durant l'année pour décrocher vraiment, faire le vide, nous intéresser à autre chose et resserrer les liens avec la famille et les amis.

Pourquoi les gens ne prennent-ils pas de vacances à intervalles réguliers ? J'ai entendu toutes sortes d'excuses au fil des ans : « Le travail, c'est ma vie » ; « J'ai trop de travail » ; « Personne ne peut me remplacer » ; « Les vacances, c'est trop de problèmes, j'ai déjà trop de travail avant de partir, qu'est-ce que ce sera au retour ? » ; « Je n'ai pas les moyens » ; « Je n'ai personne qui puisse m'accompagner » ; « Si je prends des vacances, ils découvriront peut-être qu'ils peuvent se débrouiller sans moi ». Ou bien c'est plus subtil, les gens peuvent se sentir plus importants s'ils sont trop occupés pour prendre des vacances. Ils croient peut-être que les vacances sont pour les mauviettes. Ou ils peuvent entretenir une croyance subconsciente selon laquelle les vacances sont un luxe ou une perte de temps.

> « Où vont les gardes forestiers quand ils veulent tout lâcher et partir ? »
>
> GEORGE CARLIN

J'ai une devise : prenez vos vacances avant que vous en ayez besoin. De cette façon, vous n'en aurez jamais besoin. Vous ne pourrez donc que vous payer du bon temps. N'attendez pas d'être épuisé au point où vos vacances se transformeront en convalescence. Soyez proactif. Prenez vos vacances au moment opportun pendant qu'il vous reste de l'énergie pour vous amuser. C'est une leçon que j'ai apprise dans les années 1970 quand j'ai travaillé huit mois consécutifs sans prendre de vacances. Finalement, j'ai planifié un voyage. Mais trois semaines avant mon départ, j'ai touché le fond. J'avais besoin d'une pause sur-le-champ. J'ai annulé tous mes rendez-vous pour la semaine suivante, suis resté à la maison à me détendre. Deux semaines plus tard, je suis parti en excursion tel que prévu. Quand vous avez besoin de prendre une semaine de congé pour vous préparer à prendre des vacances, c'est que vous avez trop attendu. Je n'ai plus jamais fait cela après.

Vous n'avez pas besoin de dépenser une fortune pour que vos vacances soient bienfaisantes. Idéalement, j'aime sortir de la ville pour les vacances, mais même rester à la maison peut être relaxant et agréable si vous brisez la routine habituelle. Faites la grasse matinée, lisez un roman, allez faire une marche près du lac ou une randonnée à la campagne. Faites une excursion d'une journée ou visitez des amis. Il est aussi possible de voyager à peu de frais : visitez des amis, voyagez avec des points de Grand voyageur ou faites du camping sur les terrains de camping du gouvernement.

Les vacances sont bonnes pour le corps et pour l'âme. Si vous passez vos vacances comme il se doit, vous reviendrez ragaillardi et vous aurez hâte de retourner travailler. Comme le disait quelqu'un : « Je ne pourrais jamais faire en douze mois ce que je peux faire en onze ! »

Voici quelques suggestions :

- Prévoyez prendre toute la période de vacances que vous offre votre employeur. Si vous êtes travailleur autonome, donnez-vous au moins deux ou trois semaines de vacances par année.

- Étalez vos périodes de vacances sur l'année (au lieu de les prendre toutes en même temps). Dès votre retour, planifiez vos prochaines vacances.

- Organisez votre travail de façon que d'autres personnes puissent prendre la relève pendant que vous êtes en vacances.

- N'apportez pas de matériel en rapport avec le travail avec vous, c'est-à-dire documents professionnels à lire, ordinateur portatif ou téléphone cellulaire. Si vous vous sentez démuni sans cet attirail, voici l'occasion de vous débarrasser de votre dépendance, un bienfait supplémentaire !

- N'appelez pas au bureau et ne leur dites pas où ils pourront vous trouver. La coupure doit être nette.

- Revenez à la maison une journée plus tôt pour que le retour au travail ne soit pas trop brusque.

- Ne vous surchargez pas de travail la première journée (pour pouvoir combler le retard et vous réadapter).

Prescriptions

- Regardez votre calendrier. Réservez du temps pour vos prochaines vacances.
- Décidez où vous voulez aller et avec qui. Organisez votre horaire.
- Ou prévoyez demeurer à la maison ; mais arrangez-vous pour avoir des activités agréables. (N'utilisez pas vos vacances pour rénover la maison ou rattraper votre retard au bureau.)
- Décrochez le téléphone et faites des réservations dès cette semaine.

Dr David Posen

J'ai félicité mon directeur général pour sa nouvelle façon de concevoir les vacances et lui ai fait une suggestion : « La prochaine fois, n'appelez pas au bureau, même une seule fois ! »

L'épuisement professionnel

Le meilleur traitement est la prévention

Mathieu était un cadre supérieur talentueux et brillant à l'emploi d'une grande entreprise. Il était aussi un excellent candidat à l'épuisement professionnel: un obsédé du travail de type A, perfectionniste, qui croyait tout connaître et s'occupait de tout le monde. C'était aussi quelqu'un qui aimait plaire et détestait l'affrontement. Ce mélange d'attitude consciencieuse, d'obsession du travail et de réticence à décevoir les gens créait chez lui beaucoup de stress.

Au travail, il était méticuleux, travaillait de longues heures et prenait tout au sérieux. Les politiques du bureau, le fait que le patron fût exigeant et l'obligation de voyager souvent n'aidaient certainement pas. En dehors de sa famille, deux ou trois autres choses l'intéressaient aussi.

Plus les difficultés augmentaient, plus il pédalait fort et vite. Il a même travaillé de longues heures et accepté d'aller au bureau les fins de semaine, empiétant ainsi sur le temps réservé à la famille et à l'exercice. Puis il s'est mis à souffrir d'insomnie et à présenter d'autres symptômes de stress. Il a maintenu malgré tout son irréaliste norme de rendement, ne voulant décevoir personne ni mal paraître devant son personnel. Il pensait que, pour tout faire, il suffisait de travailler plus fort. Mais plus il mettait d'efforts, plus les choses étaient difficiles. Et plus elles étaient difficiles, plus il était exigeant envers lui-même. Finalement, ce fut l'épuisement, l'hospitalisation pendant un moment et les antidépresseurs, puis il a dû prolonger son congé autorisé.

> ## La séquence de l'épuisement professionnel commence par des **attentes** et des **idéaux élevés**.

L'épuisement professionnel est un gros problème et constitue un véritable danger quand il survient. Des hommes pourtant adultes peuvent s'effondrer en larmes. Le docteur Herbert Freudenberger, dans son livre, un classique du genre, intitulé *Burn-out*, définit ainsi l'épuisement professionnel : « C'est s'épuiser, épuiser ses ressources physiques et mentales. S'épuiser à essayer *démesurément* de satisfaire les attentes *irréalistes* qu'on s'est fixées soi-même ou que la société nous a imposées par ses valeurs. » (Les italiques est de moi pour faire ressortir les mots importants.) Il appelle l'épuisement professionnel « la maladie du super bourreau de travail ». Freudenberger affirme : « Chaque fois que le niveau des attentes est sérieusement en contradiction avec la réalité et que la personne persiste à vouloir le satisfaire, des ennuis sont à prévoir. »

La séquence de l'épuisement professionnel commence par des attentes et des idéaux élevés : un enseignant qui veut être une source d'inspiration pour ses étudiants, une infirmière qui désire sauver tout le monde, un avocat qui a l'intention de gagner chacune de ses causes ou un thérapeute qui s'attend à guérir chacun de ses clients. Les professions d'assistance à autrui sont particulièrement sujettes à l'épuisement professionnel. C'est aussi le cas des cadres supérieurs aux ambitions démesurées qui sont prêts à tout faire pour connaître le « succès » (quelle que soit leur façon de l'évaluer).

La séquence se poursuit alors et ce genre de personnes dépensent une énergie folle pour atteindre leur but. Si leurs efforts sont récompensés (éloges, promotions, augmentations de salaire, satisfaction), tout va bien. Mais s'ils ne reçoivent pas la récompense attendue, au lieu de prendre du recul pour réévaluer leur but, les candidats potentiels à l'épuisement professionnel redoublent tout simplement d'effort. Si la récompense se fait toujours attendre, des symptômes commencent à apparaître.

Le docteur Freudenberger décrit trois stades d'épuisement que j'ai résumés ainsi :

Stade I (au début) : *fatigue*, diminution de la performance, symptômes de stress

Stade I (plus tard) : *épuisement*, frustration, désillusions

Stade II : *négation*, altération du jugement, la personne blâme les autres, est sur la défensive, apathique, cynique, déprimée

Stade III : désorientation, découragement, désespoir, désengagement, distanciation, « la personne manque d'intérêt, de vitalité ».

C'est une spirale qu'il vaut mieux éviter. L'ensemble du processus prend généralement des années, mais de nombreux signes avant-coureurs échappent à l'observation en cours de route. Les principaux facteurs contribuant à l'épuisement professionnel sont :

- des attentes irréalistes (surtout chez le perfectionniste et l'idéaliste) ;

- une identification démesurée au travail, à la carrière, au titre ou à la cause ;

- la poursuite effrénée du but ;

- le manque d'intérêt et d'activités en dehors du principal centre d'intérêt.

Il vaut mieux ne pas se faire prendre par la spirale de l'épuisement professionnel. Vous pouvez l'éviter en recherchant l'équilibre, en gérant votre énergie et en ayant des attentes réalistes.

L'atteinte de l'équilibre prévient l'épuisement professionnel. Je n'ai jamais vu de signes d'épuisement professionnel chez les gens qui ont d'autres activités et qui entretiennent des relations sérieuses. Le fait de s'investir au niveau de la famille et des amis, d'avoir des activités, de faire de l'exercice, tout cela éloigne l'épuisement professionnel.

Surveiller et gérer votre énergie. Il est très important de le faire. La fatigue et l'épuisement sont des symptômes d'épuisement professionnel de stade I. Dormez suffisamment, mangez bien et faites de l'exercice de façon régulière. Remarquez si votre niveau d'énergie est bas ou diminue constamment.

Il est crucial d'avoir des attentes réalistes. Peu importe le domaine dans lequel vous œuvrez, reconnaissez que tout ne se fera pas toujours sans heurts. Vous ne gravirez pas tout naturellement les échelons de la réussite. Les enseignants ne réussiront pas à éveiller tous les élèves; des patients vont mourir malgré les efforts surhumains des plus dévoués médecins et infirmières. Ce ne sont pas tous les athlètes talentueux qui deviendront professionnels ou champions. Il nous faut réévaluer notre but et nos attentes à intervalles réguliers et voir s'ils correspondent à la réalité pour ne pas trop investir de temps et d'effort dans une quête qui pourrait s'avérer vaine. Il est assez décevant de vous apercevoir que les choses ne marchent pas comme vous l'auriez souhaité. Mais si votre but est irréaliste et que vous vous y accrochez, ne pas pouvoir l'atteindre sera dévastateur.

Si vous commencez à présenter des symptômes d'épuisement professionnel ou de dépression, ou si vous connaissez quelqu'un pour qui c'est le cas, demandez l'aide d'un professionnel ou demandez à cette personne de le faire le plus tôt possible.

Prescriptions

- Cette semaine, prenez du recul et pensez à vos objectifs de carrière et à vos attentes. Sont-ils réalistes ? Comment vivez-vous l'échec et la déception ? (Vous êtes philosophe ? Vous les craignez ? Vous sentez désespérément le besoin de redoubler d'effort ? Vous êtes déterminé à réussir quel que soit le prix ?)
- Surveillez votre niveau d'énergie chaque jour (évaluez-le sur une échelle de 1 à 5 ou utilisez les valeurs « élevé », « moyen » ou « faible »). Conservez vos résultats quelques jours. Cherchez d'autres symptômes de stress et/ou de dépression.
- Regardez votre horaire. Vous gardez-vous du temps pour l'exercice, les relations, des passe-temps et des activités autres que le travail ? Si ce n'est pas le cas, mettez une de ces activités au programme cette semaine et réduisez votre travail en conséquence.
- Si vous êtes épuisé, réduisez vos heures de travail et accordez plus de temps au sommeil, à la relaxation et aux loisirs.

Dr David Posen

Mathieu s'est remis de son épuisement professionnel de stade II et de sa dépression. Il est retourné au travail mais n'est plus jamais resté après 18 h 00. Il a aussi pris des vacances. Lors de notre dernière conversation, il m'a dit: «J'ai beaucoup diminué mes heures de travail et ce qui est ahurissant, c'est que j'abats plus de travail maintenant et en moins de temps, sans compter que c'est aussi beaucoup plus agréable.» Cette histoire d'épuisement professionnel a finalement connu une fin heureuse, mais il eût mieux valu l'éviter. Ne la laissez pas vous arriver.

Parfois, il faut aborder la **déception** avec **philosophie** plutôt que de refuser la **réalité**.

Régler la question des délais

Souplesse et démystification

Un auteur m'a raconté une histoire intéressante. Son livre était presque terminé et il cherchait des citations favorables de la part de personnalités à mettre au verso de la couverture. On lui en avait demandé trois pour lesquelles on lui avait imposé un délai, mais il avait du mal à trouver des textes accrocheurs. La date limite approchait. Son éditeur continuait de le presser. Puis il a reçu un excellent témoignage, ce qui a un peu fait chuter la pression. Mais il en fallait un autre. La chance ne lui souriait guère et le temps lui manquait de plus en plus.

Finalement, un auteur de best-seller consentit à revoir son manuscrit. Son espoir grandit, son éditeur commença à se frotter les mains et soudainement la date limite eut moins d'importance; en fait on prolongea le délai de plus d'une semaine. Comme par magie, l'éditeur venait de trouver une dizaine de jours de plus sur le calendrier d'impression.

La plupart d'entre nous trouvons les délais stressants ou même intimidants. Mais la plupart sont arbitraires. Qu'ils exercent un tel pouvoir sur nous est fascinant. Peut-être est-ce à cause du mot lui-même en anglais (deadline). Selon le dictionnaire *Webster*, il s'agissait à l'origine d'un terme militaire : « une ligne tracée autour d'une prison au-delà de laquelle tout prisonnier est automatiquement abattu, de là l'établissement d'une limite au-delà de laquelle il était fatal de s'aventurer. » Si cela ne suffit pas à vous effrayer, je ne sais pas ce que ça vous prend !

> Tout se passe comme si nous **pensions** que de ne pas respecter le **délai** allait engendrer des **conséquences** potentiellement **fatales.**

Plus tard, quelqu'un m'en a appris un peu plus sur l'origine du mot. Il est, selon toute vraisemblance, apparu lors de la guerre de Sécession. Les soldats se déplaçant constamment ne pouvaient emprisonner les soldats ennemis qu'ils capturaient. Ils les rassemblaient donc en un lieu précis et traçaient une ligne, autour d'eux, sur le sol, délimitant la zone de détention. On disait alors aux prisonniers qu'ils étaient en sécurité à l'intérieur de la ligne, mais que s'ils s'aventuraient au-delà de la « dead line » (ligne de mort), ils seraient abattus. On ne rigolait pas à l'époque.

Le mot fut ensuite repris par l'industrie de l'édition, comme le signale le *Webster* : « L'heure à laquelle il n'est plus possible d'imprimer un journal. D'où l'établissement d'une limite de temps pour accomplir une tâche quelconque. L'heure la plus tardive à laquelle un travail doit être remis. » Une bagatelle sans importance comparée à l'usage militaire ! Tout se passe comme si nous pensions que de ne pas respecter le délai allait engendrer des conséquences potentiellement fatales. Je crois qu'il est temps de remettre les pendules à l'heure.

Les délais sont presque toujours plus souples que nous le croyons. Au théâtre, j'ai vu des représentations commencer en retard parce que des spectateurs importants n'étaient pas encore arrivés. J'étais récemment à bord d'un avion dont on a retardé le départ à cause de passagers retardataires.

Voici quelques suggestions pour bien gérer vos délais :

- N'acceptez pas ou ne promettez pas ce que vous ne pourrez livrer. Faites part de vos inquiétudes et négociez un délai réaliste.

- Si vous n'êtes pas certain de pouvoir exécuter le travail à la date prévue, acceptez-le sous condition et exprimez vos réserves. Il vaut mieux promettre moins et livrer davantage que de faire le contraire.

- Calculez un délai d'exécution réaliste et donnez-vous une marge de manœuvre ! Ne vous imposez pas un calendrier trop juste. Laissez du temps pour les pauses et les imprévus comme les pannes d'ordinateur.

- Prévoyez à l'avance. Organisez-vous. Établissez votre horaire de travail. Divisez la tâche en parties égales et dressez un calendrier d'exécution pour chacune.

- Commencez tôt. Ne remettez pas de travail au lendemain.

- Évitez le perfectionnisme, surtout au début du projet. Vous pourrez toujours fignoler plus tard s'il reste du temps.

- Si vous êtes en retard, trouvez des solutions avec votre patron. Vous pouvez lui demander de :

  - vous apporter une aide supplémentaire ;

  - vous libérer des autres tâches ;

  - réduire l'envergure du projet ;

  - modifier les priorités de la tâche et déterminer quels sont les éléments essentiels et ceux qui peuvent attendre ;

  - vous aider à déterminer la meilleure date de livraison et la dernière heure limite (le *vrai* délai).

- Informez les gens des progrès accomplis à intervalles réguliers. Si vous êtes en retard, informez-les de la situation le plus tôt possible. N'attendez pas à la dernière minute pour leur annoncer la mauvaise nouvelle.

Il est évident que nous avons besoin de délais et de dates limites pour que les choses puissent bouger. Il n'y a rien comme une petite urgence pour faire sortir de leur coquille ceux qui remettent toujours tout au lendemain. Mais cessons de voir les délais comme des épées de Damoclès.

Prescriptions

- Commencez à employer des mots moins stressants («calendrier de mise en œuvre», «temps alloué» ou «date d'échéance») au lieu du terrifiant «délai».
- Regardez votre horaire actuel. Dressez la liste des projets et des tâches qui comportent une date de livraison bien précise. Marquez la date limite à côté de chaque projet. Placez-les par ordre chronologique.
- Commencez à travailler à celui dont la date d'échéance est la plus proche.
- Établissez un calendrier d'exécution. Fixez-vous comme objectif de terminer avant la dernière heure limite.
- Lisez attentivement les autres projets et dressez la liste des ressources et du matériel dont vous aurez besoin. Arrangez-vous pour les obtenir à l'avance.

Dr David Posen

Mon copain auteur a finalement eu une chaleureuse citation de l'écrivain à succès, laquelle fut très utile au lancement de son nouveau livre. Le délai ayant été plus souple que prévu, tout le monde y trouva son compte.

Donner priorité à certaines tâches

L'art de donner priorité au prioritaire

Allez faire un tour dans une salle des urgences, vous y découvrirez quelque chose de très intéressant. Comme les services d'intervention d'urgence sont toujours ouverts, ils peuvent être débordés à tout moment. L'imprévisibilité est la norme et le risque de confusion est élevé. L'instauration d'un système qui permette de soigner en premier les patients les plus gravement atteints est fondamental. Voilà pourquoi les urgences affectent une infirmière au tri des patients selon l'urgence des soins à recevoir.

Lorsque je travaillais aux urgences, nous devions faire face à toutes sortes d'affections : infarctus du myocarde, douleurs abdominales, asthme, fractures, lacérations, maux d'oreille. Leur diversité était fascinante. Les infirmières et moi modifiions constamment nos priorités de façon à soigner d'abord les personnes dont la vie était en danger, ensuite les patients ayant des douleurs intenses, les gens susceptibles de devoir être opérés en troisième, et ainsi de suite. De temps en temps nous arrivait aussi une personne en état d'ébriété qui faisait tout un tas d'histoires pour une égratignure. C'était un exercice fertile en émotions où nous risquions gros à modifier constamment nos priorités.

> Si vous vous **occupez** des tâches avant qu'elles deviennent **urgentes**, elles ne le seront **jamais**.

Le tri des patients est une illustration parfaite de l'expression « Priorité au prioritaire », mais le même principe s'applique à tous les milieux de travail. La surcharge est une constante chez les gens qui travaillent. Avec tout ce qu'on exige de nous chaque jour, l'organisation est un problème sans fin à résoudre. D'où l'urgence de fonctionner par priorités !

Observez les gens qui réussissent et vous verrez qu'ils n'accordent pas beaucoup de temps aux choses futiles. Ils travaillent aux choses les plus importantes. Mais comment savent-ils ce qui est important ? Pour certains, ce sont les délais qui déterminent l'importance d'un projet ; pour d'autres, c'est ce qui est important pour le patron, ce qui leur rapportera le plus d'argent ou ce qui les rapprochera de leurs objectifs personnels.

Quels que soient vos critères, réfléchissez à ce qui importe le plus et prenez les décisions qui s'imposent. Un système vous aidera à y parvenir. Les deux modèles suivants ont résisté au passage du temps. Le premier appartient à Alan Lakein et est tiré de son livre, un classique du genre, intitulé *How to Get Control of Your Time and Your Life* (Comment contrôler votre temps et votre vie). On l'appelle parfois le « système ABC ». Pour commencer, dressez une liste des choses à faire. Ensuite, mettez la lettre « A » aux tâches que vous *devez* faire, « B » aux choses que vous *devriez* faire et « C » aux choses que vous *pourriez* faire, s'il reste du temps. (Les « C » sont discrétionnaires. La plupart du temps, vous ne vous rendrez probablement pas jusque-là.)

Une fois l'importance de chaque tâche déterminée, faites celles portant la lettre A en priorité. (Rappelez-vous : « Priorité au prioritaire. ») Le problème pour plusieurs d'entre nous, c'est que nous préférons faire les « C » en premier. C'est qu'ils sont souvent faciles et se font rapidement, sont mêmes amusants à faire et procurent un sentiment de satisfaction. Cela dit, ce n'est bien souvent qu'une façon de remettre au lendemain les choses importantes (qui peuvent être pénibles ou moins plaisantes). Mais si vous vous disciplinez à faire les tâches les plus importantes en premier, le reste de la journée vous sera beaucoup plus facile et agréable.

Lorsque vous aurez fait les A, passez aux B. Ne vous souciez pas du tout des C (bien qu'ils me servent parfois de « pause » quand la tâche est difficile).

Le second modèle est tiré du bestseller de Stephen Covey intitulé *The 7 Habits of Highly Effective People* (Les sept habitudes des

> «Le **temps** est le moyen que la **nature** a trouvé pour empêcher que les choses n'arrivent toutes en **même temps**.»
>
> ANONYME

gens super efficaces). Ce modèle est fondé sur la distinction cruciale qu'il faut faire entre choses urgentes et choses importantes. Urgence et importance peuvent sembler la même chose, mais il n'en est rien. Urgence signifie des délais très courts, mais peut impliquer des choses insignifiantes. Les tâches importantes supposent souvent des objectifs à long terme. Par ailleurs, ce qui peut sembler urgent pour quelqu'un d'autre peut ne pas l'être pour vous. Si vous avez l'impression d'être constamment en train d'éteindre des incendies ou de passer d'une crise à l'autre, c'est probablement que vous gérez mal votre temps, que vous ne faites pas la distinction entre «urgent» et «important».

Le docteur Covey se sert d'un «système de gestion» (voir p. 109) pour illustrer sa théorie. Il se divise en quatre quadrants. Le quadrant supérieur gauche est réservé aux tâches à la fois urgentes et importantes. C'est évidemment par là qu'il faut commencer. Le quadrant inférieur droit, ce sont les tâches qui sont ni importantes ni urgentes. Nous n'avons même pas à nous soucier de les faire. Elles devraient tout simplement disparaître.

La question-clé est quel quadrant devrait être le deuxième? Le docteur Covey recommande de faire les choses importantes, même si elles ne sont pas urgentes (le quadrant supérieur droit). À vrai dire, si vous vous occupez des tâches avant qu'elles deviennent urgentes, elles ne le seront jamais. C'est la clé pour bien organiser vos priorités: vous devez être plus proactif et moins réactif.

Système de gestion de temps

	Urgent	Non urgent
Important		
Non important		

Prescriptions

- Dressez la liste des tâches que vous avez l'intention de faire la semaine prochaine.
- Dressez une liste des choses à faire pour demain. À côté de chaque tâche, mettez A, B ou C, selon les critères de Lakein. (Si vous êtes indécis, demandez-vous : « Cette tâche est-elle importante, urgente, ni l'une ni l'autre ou les deux à la fois ? »)
- Commencez la journée avec une tâche de priorité A. Quand vous aurez terminé (ou que des progrès importants auront été faits), passez à la deuxième tâche (une autre de priorité A ou la première tâche de priorité B).
- Faites une pause avant de vous attaquer aux différentes tâches qui se présenteront au cours de la journée. Demandez-vous si elles sont plus importantes que ce à quoi vous êtes en train de travailler.

DR DAVID POSEN

Tout comme c'est le cas dans un service des urgences, votre liste des choses à faire est à la merci des événements. Il faut constamment jongler et chercher à équilibrer discipline et souplesse.

Savoir déléguer

À bas le multitâche et vive le multiplex!

J'imagine le scénario: vous êtes invité à un tournoi de golf auquel participe Tiger Woods. Vous l'observez frapper la balle. Ensuite, il prend son sac et traverse l'allée avec son caddie, Steve Williams, qui se promène nonchalamment près de lui. Woods se rend à sa balle, sort un fer, la frappe, replace la motte de gazon et continue à marcher. Sur le vert, il sort son fer droit, retire le drapeau et fait rouler la balle jusqu'au trou. Transportant toujours ses propres bâtons, il s'avance vers le prochain tee, nettoie sa balle, sort son bois et se prépare à la frapper une autre fois. Ne trouveriez-vous pas étrange que le plus grand joueur de golf au monde embauche un caddie et fasse tout lui-même? À vrai dire, ce ne serait pas seulement étrange, mais aussi idiot! Pourtant, c'est ce que des milliers de personnes font tous les jours au travail. Elles embauchent du personnel de soutien et effectuent le travail elles-mêmes, quitte à rester plus tard s'il le faut. Ce n'est pas normal.

Il y a une expression anglaise qui dit: « Vous avez un chien, ne jappez pas à sa place! » Il est important de déléguer, mais la plupart des gens ne sont pas très habiles à le faire. Beaucoup de mes patients ont la chance de pouvoir déléguer à d'autres, mais ils font encore beaucoup trop de choses eux-mêmes et se demandent ensuite pourquoi ils n'arrivent pas à finir leur travail. Nombre de personnes font deux ou trois choses en même temps (par exemple, elles lisent leur courrier tout en parlant au téléphone) dans le but de gagner du temps. Mais au lieu d'être en mode multitâche, elles devraient être en mode multiplex. C'est une idée qui m'est venue après qu'un de mes patients m'eut dit: « C'est un clone qu'il

> « **Déléguez** tout sauf votre génie. **Frank Sinatra** ne déménageait pas de **pianos**. »
> DAN SULLIVAN
> THE STRATEGIC COACH

me faudrait!» Je lui ai répondu qu'il n'avait qu'à bien former son assistant à le devenir. Il fut stupéfait de constater combien cette démarche donnait de bons résultats.

Il y a quatre principales raisons pour lesquelles les gens ne délèguent pas:

- Ils ont l'impression que personne d'autre ne peut faire les choses exactement comme eux.

- Transférer une partie de leur pouvoir leur fait peur.

- Ils ont l'impression qu'ils n'ont pas le temps de former quelqu'un pour faire le travail.

- Ils ne veulent pas surcharger les autres, surtout ceux qui le sont déjà.

Revenons à Tiger Woods. J'ai déjà pensé que d'avoir un caddie à son service était un luxe et un privilège – un truc de riches. Mais en réalité, c'est un moyen de maximiser son efficacité, afin que Tiger puisse se concentrer sur son jeu. Dan Sullivan conseille des créateurs d'entreprises chez *The Strategic Coach*, à Toronto. Il dit à ses élèves: «Déléguez tout sauf votre génie.» Et il ajoute: «Frank Sinatra ne déménageait pas de pianos.» C'est une perte de temps pour les gestionnaires ou les professionnels à leur compte de répondre au téléphone, d'adresser des enveloppes ou de faire des courses. J'ai mis du temps à comprendre cela, mais l'ayant essayé, je puis vous certifier que les résultats sont foudroyants – moins de pression et accroissement de la production.

Déléguer n'est pas seulement bienfaisant pour le délégant, mais aussi pour le délégataire. Un milieu de travail efficace suppose que tous les employés puissent faire le plus de tâches possible et qu'ils soient constamment en apprentissage de nouvelles compétences. Il ne s'agit pas de surcharger les employés ou de rejeter les responsabilités sur quelqu'un d'autre. Il s'agit plutôt d'utiliser leur intelligence, leurs aptitudes et leurs compétences au mieux. Il en résulte que les travailleurs se sentent valorisés, ont l'impression qu'on a confiance en eux et qu'ils sont respectés.

> Dans l'armée, on se contente de demander des «volontaires». Dans la vie, c'est une autre histoire.

Ils sont stimulés, sentent qu'ils ont un défi à relever, sont fiers des responsabilités qu'on leur donne et voient que leur contribution est appréciée. Quand on sait déléguer, tout le monde y gagne. (Si c'est mal fait, ce peut être injuste, exploiteur et abusif.)

Déléguer est une excellente façon de gérer le bon temps, lequel à son tour permet d'améliorer l'équilibre travail et vie personnelle et de diminuer le stress. Déléguer suppose un échange : un meilleur usage de votre temps contre le transfert d'un peu de pouvoir. C'est aussi reconnaître que vous ne pouvez tout faire seul. Les délégataires ne feront peut-être pas les tâches aussi bien que vous, mais ils peuvent aussi vous surprendre et les faire mieux que vous !

Voici quelques directives en matière de délégation de tâches :

- Choisissez les bonnes personnes auxquelles déléguer. Demandez-vous : «Qui pourrait faire cette tâche à ma place ? »

- Donnez-leur des instructions claires. Prenez le temps de leur montrer comment effectuer les nouvelles tâches.

- Assurez-vous qu'elles ont bien compris ce qu'elles auront à faire et le délai dans lequel elles doivent le faire.

- Retirez-vous. Laissez-les respirer. Vérifiez leur travail de temps en temps, mais ne soyez pas toujours présent autour d'elles.

- Soyez disponible pour les conseiller ou les encourager.

- Tenez-les responsables de leur travail (qualité et rapidité d'exécution).

- Modifiez vos attentes au besoin. Évitez le perfectionnisme.

- Félicitez-les et n'oubliez pas de les remercier.

Prescriptions

- Cette semaine, choisissez une tâche que quelqu'un pourra faire pour vous libérer.
- Choisissez la personne qui convient le mieux et déléguez-lui la tâche.
- Soyez sensible à sa charge de travail du moment et aidez la personne à organiser ses priorités si cela s'avère nécessaire.
- Prenez quelques minutes pour expliquer ce que vous voulez et à quel moment vous le voulez.
- Remettez-vous au travail. Ne faites pas de microgestion. Montrez-lui que vous avez confiance en elle.

DR DAVID POSEN

La prochaine fois que vous verrez Tiger Woods traverser l'allée avec son caddy affairé aux tâches ingrates, n'y voyez pas un privilège. Voyez-y plutôt un exemple de délégation qui permet à Tiger d'exprimer son légendaire talent.

Savoir communiquer

La conversation est un art

Pour un manque de communication, c'en était tout un ! À
l'époque, j'étais dans la vingtaine et je vivais une nouvelle
idylle. Nous passions beaucoup de temps ensemble les fins de
semaine. Or, j'avais l'habitude de jouer au football le dimanche
matin depuis l'école secondaire et c'était, pour moi, l'un des moments forts de la semaine. Un dimanche donc, j'ai décidé d'être
un véritable prince charmant et de ne pas me présenter à la
partie de football pour rester avec ma belle. Fier de ma vertueuse
conduite, je lui ai annoncé ma noble intention, me sentant tout
de même un peu déchiré intérieurement.

Une semaine plus tard, la vérité se fit jour. Lors d'une discussion
digne de *The Gift of the Magi* d'O. Henry, j'ai finalement admis
que je m'étais privé de ma partie de football pour lui faire plaisir. Elle m'a alors avoué qu'elle projetait plutôt de passer la matinée à lire tranquillement cette journée-là, mais qu'elle s'en était
abstenue pour ne pas me blesser. Voilà deux personnes bien
intentionnées qui, essayant de se faire mutuellement plaisir, ont
fini par faire des choses qu'elles n'appréciaient pas. Je tire deux
leçons de cette journée : d'abord qu'il faut mieux communiquer,
ensuite qu'il n'est pas essentiel qu'un couple fasse tout ensemble.

Ce manque de communication n'aura eu que peu de conséquences et nous en avons d'ailleurs bien ri. Mais certains messages
inexprimés ont des conséquences plus graves parmi lesquelles il
convient de mentionner la tension, le confusion et les blessures
d'amour-propre. Par exemple : A n'invite pas B à une fête pré-
nuptiale. B se sent blessé et offensé. Plus tard, A donne l'explication suivante : « J'ai pensé que ça t'ennuierait de rencontrer
tous ces gens et que ça t'éviterait d'avoir à acheter un cadeau. »

Un autre problème en communication, c'est celui des messages
contradictoires, lorsque les gens disent une chose et en font une

autre ou disent le contraire de ce qu'ils ont dit préalablement. Les patients me parlent de l'évaluation de leur performance. Certains sont constamment louangés et reçoivent une très bonne note mais se font refuser la prime annuelle. Ou les commentaires sont chaleureux mais ils obtiennent la note de passage. (Comment est-ce pos-

> Toute **discussion** comporte deux parties : le **contenu** et le **processus**.

sible puisqu'il s'agit de la même personne ?) J'ai déjà travaillé un été pour un patron qui n'a pas cessé de me sourire et de se montrer chaleureux pendant deux mois, pour me dire le jour de mon départ, alors que je n'y pouvais plus rien, qu'il avait plus ou moins apprécié mon rendement. Vous connaissez peut-être quelqu'un qui souffle le chaud et le froid. Un jour vous êtes son meilleur ami, le lendemain il est trop occupé pour vous parler. Vous ne savez plus où vous en êtes. Si vous ne savez trop que penser de certaines personnes ou si vous êtes hors d'équilibre en leur présence, c'est peut-être que vous percevez des signaux contradictoires de leur part.

Voici quelques suggestions destinées à améliorer la communication :

• **Distinguez le contenu du processus.** Toute discussion comporte deux parties : le contenu, ou le sujet, et le processus, ou la dynamique de la conversation. Le contenu, ce peut être un problème parental, une difficulté financière, un projet de sortie, la rénovation d'une pièce de la maison ou le comportement de chacun. Le processus, ce peut être le fait qu'une personne monopolise la conversation (l'autre doit faire une réservation pour réussir à placer un mot !), n'écoute pas quand l'autre parle, radote et change de sujet, pose une question mais n'attend pas la réponse et réfute la réponse dès qu'elle la connaît.

Lorsque les gens se disputent ou se fâchent, ils pensent parfois que c'est à cause du contenu alors que c'est souvent le processus qui est en cause. Les gens se créent des modèles de conversation. Quel que soit le sujet de la conversation, leur dynamique reste remarquablement la même. Commencez à remarquer la façon dont les gens communiquent lorsque vous trouvez stressant de leur parler. Puis isolez les aspects qui vous dérangent.

- **Écoutez la « réalité » de l'autre personne.** Il vous faudra de la discipline et un esprit ouvert pour ce faire, mais vous apprendrez beaucoup si vous vous contentez d'écouter pour comprendre, et non pour juger. Intéressez-vous vraiment à la façon dont l'autre personne voit le monde. Par exemple, si quelqu'un n'aime pas les foules ou les gros *parties*, n'allez pas dire : « Sans blague ! Je les adore ! » Demandez plutôt : « Pourquoi est-ce difficile pour vous ? Je voudrais comprendre comment c'est pour vous. » Ensuite, écoutez la réponse.

> La **communication** est la monnaie d'échange des **relations** et nous ne sommes toujours pas très **habiles** à l'utiliser.

- **Évitez les conversations du genre j'ai raison/vous avez tort, c'est bon/c'est mauvais, je gagne/vous avez perdu.** Une discussion n'est pas un débat à la fin duquel le gagnant reçoit un trophée. Ce devrait être un honnête échange d'idées et d'informations, un partage de sentiments ou une tentative de solution d'un problème. Si vous cessez d'essayer de marquer des points, vous apprendrez beaucoup plus de choses sur l'un et l'autre et la conversation sera plus agréable. En agissant ainsi, vous ferez baisser la pression, vous améliorerez votre relation et vous aurez peut-être droit à plus d'intimité.

- **Ne compliquez pas les choses et soyez bref.** Parfois en dire moins donne de meilleurs résultats. Évitez de parler pour ne rien dire ou de sermonner votre interlocuteur. Surtout avec les enfants qui décrochent dès que ça s'éternise.

- **Écouter est aussi important que parler** et probablement plus important. Mais écoutez vraiment ; et non penser à ce que vous allez dire ensuite ou chercher à interrompre votre interlocuteur. Et si les gens ont besoin de réfléchir un moment avant de vous répondre, soyez patient. Ne les interrompez pas pendant qu'ils pensent.

- **Écoutez pour comprendre et sympathiser et non pour résoudre le problème.** C'est mon épouse qui m'a fait comprendre cela. J'étais médecin de famille à l'époque. Les patients me racontaient leurs problèmes et espéraient que je les résolve. J'avais l'habitude d'assumer ce rôle. Mais ce n'est pas ce que mon épouse attendait de moi. Parfois, les gens veulent seulement qu'on les écoute. Ils ne cherchent pas de réponses ou de solutions. Ils n'ont pas besoin de vos précieux conseils, surtout lorsqu'ils ne vous en font pas la demande. Ils désirent seulement que vous les écoutiez avec sollicitude.

- **Choisissez le bon moment et le bon endroit pour parler.** Le moment propice est important en communication. N'essayez pas d'engager la conversation quand la personne est occupée ou fatiguée. Il y a des gens qui aiment parler de choses sérieuses à l'heure du coucher. Ou qui soulèvent un point litigieux au moment où l'autre est sur le point de partir travailler. Soyez sensible aux préférences de l'autre si vous voulez vous en faire une confidente ou un confident. Choisir un moment facilite les choses. On peut aussi demander : « À quel moment pourrait-on en parler ? »

Prescriptions

- Identifiez une personne que vous trouvez stressante et à qui vous voudriez parler.
- Voyez si vous pouvez mettre le doigt sur ce qui vous stresse ou vous frustre chez cette personne.
- Pensez à la façon dont vous pourriez éviter le problème ou y faire face.
- Songez à en discuter avec la personne d'une façon ouverte et constructive.
- Commencez à prendre conscience de votre propre style en matière de communication et voyez de quelle façon vous pourriez l'améliorer.

DR DAVID POSEN

Les messages mal compris, les messages contradictoires, les personnes qui s'accaparent la conversation et les moulins à paroles, tout cela est certes stressant. Mais parfois, le gros problème, c'est le manque de communication – quand les gens ne se parlent pas du tout!

L'envenimation des communications

L'envers du progrès

Un groupe de cadres supérieurs, très haut placés, m'avait demandé de lui donner un atelier. La formation avait lieu dans un petit centre de villégiature situé sur le bord d'un lac par un journée radieuse du mois de juin – un décor idéal pour parler de l'équilibre travail et vie personnelle et des valeurs. À la pause du matin, j'ai remarqué que trois membres du groupe parlaient dans l'allée. Mais ils ne parlaient pas entre eux, chacun avait un téléphone contre l'oreille, j'ai pensé qu'ils parlaient affaires. Je présume que ça ne peut pas attendre, me suis-je dit. Puis, par la fenêtre donnant sur le lac, j'ai aperçu un autre groupe sur le quai. Malgré la vue superbe, ils avaient aussi un téléphone collé à l'oreille et chacun donnait l'impression de s'entretenir de choses sérieuses. Où est le problème ? Nous nous étions réunis dans une auberge paisible sur le bord d'un magnifique lac dans le but de réfléchir sur notre vie, et ces types sautaient sur la moindre occasion pour parler affaires !

Ce n'est pas un cas isolé. Dans mes ateliers, je vois des gens se ruer sur les téléphones publics au lieu de déguster les amuse-gueule qu'on leur sert. Il m'est arrivé souvent de demander aux gens de fermer leur ordinateur portatif durant les pauses. Ils me répondent que s'ils ne prennent pas leurs messages à intervalles réguliers, c'est une centaine de messages qui les attendront à la fin de la journée.

Nous vivons dans un monde interconnecté. C'est une bonne et une mauvaise chose. Je me souviens de la percée que fut l'arrivée des téléavertisseurs. Ils nous permettaient de nous déplacer quand nous étions de garde, nous n'avions plus besoin de rester près du téléphone. Quelle liberté ! Ce n'est toutefois plus le cas

> « Ne jamais perdre le **contact** signifie ne plus pouvoir se **libérer.** »
>
> DAVID BROOKS

aujourd'hui, les téléavertisseurs, téléphones cellulaires, boîtes vocales et courriels nous tiennent plutôt en laisse électronique. Comme le dit David Brooks, dans un article du *Newsweek* du 30 avril 2001 : « Ne jamais perdre le contact signifie ne plus pouvoir se libérer. » Nous avons tous déjà dû subir les indélicatesses d'un passager, à bord du train ou de l'autobus, qui se croit obligé de parler fort dans son portable et d'embêter des dizaines de voyageurs dont le seul désir est de lire ou de dormir. Nous finissons aussi par en apprendre beaucoup plus sur les extravertis (disons plutôt les exhibitionnistes) qu'il nous est utile d'en connaître.

Voici un autre scénario. J'ai récemment dû avoir recours à un service d'aide téléphonique pour me sortir du pétrin avec l'un de mes bidules électroniques. On m'a alors dirigé vers un labyrinthe de menus vocaux comme je n'en avais jamais connus avant. Il comportait tellement de niveaux qu'il aurait fallu un organigramme pour ne pas perdre le fil des options. Mais le véritable message était : « La vente est conclue. Votre problème ne nous intéresse pas. Foutez-nous la paix ! » Après trois tentatives, j'ai raccroché, j'ai appelé la boutique qui m'avait vendu le matériel et j'ai dit : « Le service de votre fournisseur ne semble pas très axé sur le client, c'est à vous de vous occuper de mon problème ! »

Puis il y a eu ce flot constant de télécopies que j'ai reçues et qui étaient destinées à une société en ville dont le numéro de télécopieur ressemble au mien. Ensuite, s'est posé un problème d'étiquette. Devais-je ne pas en tenir compte (et risquer d'être un mauvais citoyen), les réexpédier au destinataire (ce qui prend du temps, certains de ces documents ayant dix ou vingt pages) ou appeler l'envoyeur (ou le destinataire) pour lui dire que ses messages s'étaient égarés ? Et qui devrait payer pour tout le papier et l'encre utilisés ? Toutes ces télécopies à caractère commercial sont un autre fléau, qui vient s'ajouter à vos frais généraux alors qu'il n'en coûte pas un sou à la personne qui vous les envoie. Une belle escroquerie ! Pas étonnant qu'il y en ait autant !

Puis il y a le facteur « faites vite ». Un avocat me disait : « J'avais l'habitude de recevoir des lettres me demandant mon opinion. J'y réfléchissais un moment et répondais à la personne. Maintenant, je reçois une télécopie me demandant de répondre avant 14 h 00. Et quelqu'un me téléphone une heure plus tard pour me demander : "Avez-vous reçu ma télécopie ? Qu'est-ce que vous en pensez ?" » Le fait qu'on s'attende à des temps d'exécution de plus en plus rapides n'est pas seulement stressant, cela exclut aussi souvent le temps de réflexion. On s'attend à ce que nous réagissions plutôt qu'à ce que nous répondions. Et, à moins que nous ne fassions quelque chose pour que ça cesse, les choses ne vont que s'envenimer.

> Au début, ces **jouets** étaient **nouveaux**, ensuite, ils sont devenus **indispensables** et maintenant, ils **gouvernent** notre vie.

Finalement, ma bête noire : l'appel en attente – que j'appelle « l'appel à l'exaspération ». Je comprends qu'une entreprise soit obligée de répondre à tous les appels et que, par conséquent, elle doive mettre parfois des gens en attente. Mais qu'un téléphone résidentiel émette un signal et vous interrompe chaque fois qu'un appel survient, et se fasse persistant ? Chaque fois que mon interlocuteur me dit « Oh ! un instant, j'ai un autre appel », j'ai l'impression qu'il me dit plutôt : « Un moment, cet appel est peut-être plus important que le vôtre. » Quelle merveilleuse invention technologique ! Comment pouvions-nous vivre sans toute cette nouvelle technologie ? (Je sais que tous ne sont pas d'accord sur ce point – y compris mes enfants !)

Ai-je mentionné les courriels indésirables dont le téléchargement et la suppression prennent un temps fou ? Ou ces messages d'erreur qui vous disent que vous ne pouvez vous brancher à votre serveur Internet, juste comme vous mettez de l'ordre dans vos affaires avant de partir en vacances ? Ce sont là quelques-unes des expériences agréables que nous offre le monde interconnecté dans lequel nous vivons et que j'appelle « l'envenimation des communication ». Il est temps de dompter ce monstre qui gouverne nos vies.

Survivre à l'avalanche d'informations et au techno-stress

Qui est le maître et qui est le serviteur?

On ne peut douter que la technologie de pointe soit là pour rester. Elle est déjà omniprésente dans nos vies. Mais à tout bon côté il y en a aussi un mauvais. Et les communications en sont un exemple parfait. Il faut savoir comment aborder le problème : ou bien nous apprenons comment nous servir de ces gadgets, ou bien ils finiront par nous avoir. Voici quelques suggestions :

Principes généraux

- Décidez quelle technologie vous voulez utiliser et de quelle façon vous désirez le faire. Vous n'avez pas besoin de tous les gadgets qui vous sont offerts. J'ai décidé de laisser tomber le téléavertisseur, l'agenda électronique et l'ordinateur portatif. Je n'ai mon téléphone cellulaire que depuis peu et très peu de personnes possèdent mon numéro. J'ai l'afficheur et je trie mes appels lorsque je suis très concentré sur un travail. Je ne possède pas de télécopieur à la maison. Ce choix de technologies convient à ma pratique et à mon mode de vie. Choisissez ce qui répond à vos besoins.

- Dites aux gens quel est votre moyen de communication préféré. Je préfère d'abord communiquer par téléphone, ensuite par courriel et enfin par télécopieur. Je dis aux gens que je prends mes courriels deux fois par jour et que s'ils désirent me joindre rapidement, ils doivent le faire par téléphone. Mon épouse et moi demandons qu'on ne nous appelle plus après 22 h 00.

- Traitez les gens comme vous voulez qu'ils vous traitent. N'embêtez pas les autres si vous ne voulez pas qu'ils vous embêtent. N'utilisez pas votre téléphone cellulaire comme s'il s'agissait d'un mégaphone dans les lieux publics.

- Choisissez les gens à qui vous donnerez votre numéro de portable ou votre adresse électronique.

Boîtes vocales

Recevoir des messages

- Faites en sorte que votre message enregistré soit bref. Dites votre nom ou celui de votre société et invitez les gens à laisser un message. Vous pouvez dire « Je suis désolé d'avoir manqué votre appel », mais ne commencez pas à énumérer les raisons de votre absence. Il est sans intérêt que vous soyez au téléphone avec quelqu'un d'autre, en réunion, sorti dîner, parti faire une marche ou aux toilettes, ce qui importe c'est que vous n'êtes pas disponible. Les deux messages téléphoniques que je préfère à la maison, parce qu'ils vont à l'essentiel, sont « Parlez après le signal » et « Vous savez quoi faire ».

- Informez les personnes qui vous appellent du temps qu'elles ont pour laisser un message, si c'est le cas, afin qu'elles ne soient pas coupées au milieu d'une phrase.

- Si vous avez besoin d'un long message, utilisez un système de contournement qui permette aux demandeurs d'aller tout droit à la tonalité d'enregistrement.

- Évitez les expressions toutes faites comme « tout le monde est occupé pour l'instant ». Je déteste particulièrement le fameux « Votre appel est

> Les deux **messages téléphoniques** que je préfère à la maison, parce qu'ils vont à **l'essentiel**, sont:
> « Parlez après le bip » et « Vous savez quoi faire ».

important pour nous» qu'utilisent les compagnies qui ne répondent jamais de vive voix.

- Si vous êtes absent, dites aux demandeurs à quel moment vous prendrez vos messages et quand vous les rappellerez.

- Si vous êtes en vacances, programmez votre téléphone de telle sorte que la boîte vocale prenne les messages après la première sonnerie.

- Lorsque vous êtes très concentré sur un travail, ne vous laissez pas tenter par l'envie de répondre au téléphone. Il faut être discipliné, vous aurez peut-être des sueurs froides mais vous protégerez ainsi votre temps le plus productif.

Laisser des messages aux autres

- Soyez bref. Attendez-vous à un message d'accueil et préparez votre message à l'avance. La plupart d'entre nous sommes incapables de pondre rapidement un message concis, d'où le besoin de le préparer d'avance.

- Dites la raison de votre appel et donnez l'heure à laquelle il est préférable de vous rappeler.

- Répétez votre nom et votre numéro de téléphone à la fin du message (et dites les chiffres lentement).

- Ne laissez qu'un seul message, même si vous rappelez deux ou trois fois.

Le télécopieur

- N'expédiez pas de télécopies indésirables à caractère commercial.

- Si vous le faites, indiquez au moins de quelle façon le destinataire peut se retirer de votre liste d'envoi.

- Demandez aux gens s'ils désirent un bordereau de télécopie et dites-leur si vous n'en avez pas besoin. Vous épargnerez ainsi beaucoup de temps, d'encre et de papier.

- Respectez la vie privée. N'envoyez pas d'informations ultra confidentielles par télécopie. Les lettres non ouvertes ou mal adressées sont cachetées, mais les télécopies sont à la vue de tous et peuvent traîner sur les bureaux pendant des jours.

Courriels

- Ne prenez vos courriels qu'une ou deux fois par jour. C'est un jouet tentant, mais un bouffeur de temps et d'énergie.

- Ne commencez pas la journée par la lecture de vos courriels si vous êtes du type matinal. Vous ne réussirez qu'à gaspiller vos meilleurs trente ou soixante minutes de la journée pendant lesquelles votre esprit est dispos et que vous êtes le plus productif.

- Coupez le son qui vous signale l'arrivée d'un nouveau courriel.

- Ne répondez pas aux messages si ce n'est pas important. Votre « Merci Maxime, passe un bon week-end », tout rapide qu'il soit, n'est rien d'autre qu'un autre message qu'il devra télécharger, ouvrir, lire et supprimer. Il est peut-être plus courtois de ne pas répondre.

> « Ne dites jamais à un **ordinateur** que vous **êtes pressé!** »
> ANONYME

- Soyez bref et tout le monde gagnera du temps.

- Si vous envoyez le même message à plus d'une personne, servez-vous de l'option « copie confidentielle » pour que les destinataires ne voient que leur propre nom. J'ai déjà reçu un message de quatre lignes précédé de seize lignes d'adresses électroniques.

- N'employez les expressions « courrier prioritaire » ou « hautement prioritaire » que lorsque c'est bien le cas. J'ai déjà reçu un message « hautement prioritaire » qui n'était autre qu'une demande de financement pour une œuvre de charité.

- Faites retirer votre nom du plus grand nombre possible de listes de messageries. Y compris des listes de blagues, à moins que les blagues soient vraiment drôles.

- Servez-vous d'un programme de filtrage des messages si vous êtes débordé de courriels indésirables.

- Commencez par filtrer vos envois. Avant d'appuyer sur « Envoyer », demandez-vous si vous avez vraiment besoin d'expédier ce message.

Prescriptions

- Dressez la liste de tous les outils technologiques dont vous vous servez présentement (boîte vocale, courrier électronique, télécopieur, téléphone cellulaire, téléavertisseur, ordinateur portatif, agenda électronique, etc.).
- Évaluez chacun d'eux sur une échelle de 1 à 10 quant :
    - au nombre de fois que vous les utilisez ;
    - à la facilité avec laquelle vous les utilisez ;
    - aux avantages qu'ils vous procurent ;
    - aux tracas qu'ils vous causent.
- Décidez quels sont ceux qui vous servent le mieux et si vous pouvez en laisser tomber un ou deux (sans les fracasser pour autant !).
- Trouvez un moyen de rationaliser la façon dont vous vous servez de chacun de ces gadgets, dans votre propre intérêt et celui des autres.
- Au cours de la semaine prochaine, mettez en pratique les améliorations que vous venez d'énumérer.

Dr David Posen

Les communications sont une invention extraordinaire. Les communications à outrance sont un fléau. Utilisez judicieusement vos jouets et encouragez les autres à en faire autant.

Savoir s'y prendre avec les tâches ménagères

C'est une maison et non pas un musée

Oscar Madison laissait les autres s'en charger. Dans la pièce de Neil Simon *The Odd Couple*, le rustre Oscar, chroniqueur sportif, vit avec son tatillon et enquiquineur copain, Félix Unger, un maniaque de propreté. Oscar n'avait cure du ménage parce qu'il était bordélique et désordonné de nature. Félix, cependant, n'en finissait plus de passer derrière Oscar pour que leur appartement de Manhattan ait l'air propre et en ordre. Malgré ses récriminations et son exaspération, Félix se tapait toute de même tout le boulot !

Dans la quête de l'équilibre travail et vie personnelle, les tâches ménagères constituent le deuxième problème en importance après le temps passé à un travail rémunéré. L'auteur Arlie Hochschild appelle cela le deuxième quart de travail. Ce problème touche davantage les femmes que les hommes, bien que le fossé des sexes tende à se rétrécir depuis que les hommes s'impliquent davantage sur le front domestique.

La meilleure façon de s'en sortir avec les tâches ménagères est de partager le fardeau. Notez qu'il y a une différence entre **aider** et **partager**. Quand on demande à quelqu'un de nous aider, on présume que le travail est de *notre* ressort et qu'on a besoin d'un assistant. Quand on demande à quelqu'un de partager la tâche, le message est plutôt : « Nous vivons tous dans cette maison et il y a un certain travail à faire si nous voulons qu'elle soit habitable. Ce n'est pas davantage mon travail que le vôtre. Il faut nous y mettre tous et le faire. »

Il est aussi important de faire la différence entre partage **égal** et partage **équitable**. Un partage égal signifie que chacun en fait autant. Un partage équitable en est un acceptable pour tout le

> «Nous vivons **tous** dans cette **maison** et il y a un certain **travail** à faire si nous voulons qu'elle soit **habitable**. Ce n'est pas davantage mon travail que le **vôtre**. Il faut nous y mettre tous et le faire.»

monde même si le fardeau n'est pas réparti également. Par exemple, une personne peut faire le gros travail à l'extérieur et faire des tâches moins exigeantes à l'intérieur. Ou quelqu'un qui n'aime pas cuisiner peut faire la vaisselle, nettoyer la cuisinière et faire la lessive en échange. Une personne très occupée ou qui a des problèmes de santé peut faire moins de travail mais, selon l'importance de ses contraintes de temps ou de ses capacités physiques, se charger quand même d'une partie raisonnable du fardeau. Le principal critère en ce qui concerne le partage équitable, c'est l'honnêteté : il faut que chacun se sente à l'aise avec l'arrangement conclu et que personne n'ait l'impression d'être exploité ou qu'on tient son travail pour acquis.

Pour être efficace il faut savoir bien communiquer. Après être restée à la maison pendant des années à élever ses enfants, une de mes patientes a décidé de travailler à temps partiel. Bien entendu, sa famille s'était habituée à ce qu'elle fasse toutes les tâches domestiques ou presque. Elle a fait une petite réunion de famille, annoncé la nouvelle à son mari et à ses enfants, et leur a dit qu'elle avait besoin de soutien. Puis elle n'y est pas allé par quatre chemins : si elle prenait ce travail, des choses allaient devoir changer dans la maison. Elle leur a dit qu'elle s'attendait à ce que la famille prenne davantage de responsabilités : s'occupe aussi de préparer les repas (y compris ceux des enfants à l'école), nettoyer la cuisinière et laver la vaisselle, faire les lits, passer l'aspirateur et faire la lessive. Naturellement, personne n'a sauté de joie, mais tous furent bel et bien d'accord pour dire qu'ils se l'étaient coulé douce jusque-là et qu'il était juste qu'une partie du fardeau leur revienne maintenant. La formule gagnante ici tient à trois choses : communication, considération et coopération.

> Ne vous **occupez** pas davantage de votre **maison** que de vous-même.

Voici quelques conseils opportuns :

- **Déléguez des tâches aux membres de la famille.** Même les jeunes enfants devraient être mis à contribution. Montrez-leur la tâche et conseillez-les au besoin.

- **Embauchez quelqu'un pour vous aider.** Si vos revenus vous le permettent, embauchez quelqu'un pour faire le ménage, tondre le gazon, pelleter et ainsi de suite.

- **Faites des tâches ensemble.** Nettoyez votre sous-sol, votre jardin ou votre garage en famille. C'est plus rapide, plus amusant et ça développe le sens de la famille.

- **Laissez tomber certaines tâches.** Avez-vous vraiment besoin de repasser les draps ? Il n'est pas nécessaire de faire les lits tous les matins, surtout si vous êtes pressé. Si le temps vous presse, achetez un gâteau quand les amis viennent à la maison au lieu d'en faire cuire un. Évitez les projets inutiles qui vous donnent du travail pour rien.

- **Faites certaines choses moins souvent.** Portez vos vêtements un peu plus longtemps ; ou achetez des sous-vêtements, des bas et des serviettes supplémentaires pour éviter d'avoir à faire la lessive souvent.

- **Trouvez des raccourcis.** Les draps-housses et les couettes ont été une grande découverte dans ma vie parce qu'ils me permettent de faire le lit plus rapidement. Une de mes patientes fut enchantée de découvrir qu'elle pouvait laisser la vaisselle sécher sur un support au lieu de l'essuyer.

- **Achetez des appareils ménagers qui vous épargnent du temps.** Les lave-vaisselle et les fours à micro-ondes sont un bon investissement. Nous avons acheté une souffleuse communautaire avec quatre de nos voisins.

- **Cuisinez des repas supplémentaires à l'avance et faites-les congeler.** Cuisinez en quantité : préparez de grosses salades avec de la vinaigrette deux fois par semaine, doublez votre recette de lasagnes. Simplifiez la préparation des repas.

- **Maintenez des attentes réalistes.** Quand rien ne marche, abaissez vos normes. Votre maison n'a pas besoin d'être la mieux entretenue du quartier. Vous n'avez pas besoin de faire briller le plancher de la cuisine. Il est particulièrement important d'avoir des attentes réalistes quand on a de jeunes enfants. Mon épouse et moi sommes devenus très habiles à enjamber des montagnes de jouets plutôt qu'à les ramasser à tout bout de champ. La maison n'était jamais en désordre, des personnes y vivaient, tout bonnement.

- **Prenez un appartement plus petit.** C'est une solution plus draconienne, mais moins de pièces (et moins de meubles) signifie moins de contrariétés.

Prescriptions

- Cette semaine, écrivez sur un bout de papier le nombre d'heures que vous avez passées à faire des tâches domestiques.
- Distribuez une tâche à chacun des membres de la famille. Aidez-les à s'y mettre.
- Choisissez une tâche que vous pouvez faire faire par quelqu'un de l'extérieur. Trouvez la personne qui convient, un étudiant par exemple.
- Trouvez une tâche que vous pourrez écourter, éliminer ou faire moins souvent.
- Cherchez un appareil ménager qui pourrait vous faire épargner du temps. Achetez-le ou commencer à épargner en vue de l'acheter.

Dr David Posen

Félix Unger aurait pu faire mieux et s'épargner beaucoup de tracas. Mais la pièce se serait terminée à Albany!

La procrastination

Apprendre l'art de faire les choses immédiatement

J'avoue. Il y a deux ans, j'ai acheté un livre sur la procrastination, mais je ne suis jamais parvenu à le lire. Ce n'est pas que je ne connaissais pas le sujet. C'est que j'avais l'habitude de tout faire à la dernière minute.

Voici comment j'ai failli rater l'école de médecine. Je travaillais dans un camp de vacances quand je me suis rendu compte que la date limite pour poser sa candidature aux cours pré-médicaux était deux jours plus tard. Le formulaire de demande avait à peu près huit pages. Il ne fallait pas s'étonner que j'aie attendu des mois avant de le remplir. Puis soudain, ce fut la panique. Assis sur mon lit, me voilà en train de remplir des pages et des pages de renseignements autobiographiques et de répondre à des questions du genre : « Pourquoi voulez-vous être médecin ? » (ce qui était particulièrement enthousiasmant pour moi étant donné que je voulais devenir prof). Après avoir fini de remplir la dernière page, je me suis rendu compte qu'on exigeait une photo. « Formidable, me suis-je dit, ça ne peut pas être pire ! » Non seulement je n'avais pas cette foutue photo, mais je n'avais pas le temps d'aller en chercher une à la maison. Puis subitement, l'éclair de génie : un de mes campeurs possédait un Polaroid (c'était l'invention de l'heure à l'époque – et non, je n'ai pas quatre-vingt-dix ans). Il a accepté de me prendre en photo. Vêtu de mon unique chemise de sortie, je me suis refais une beauté en cette étouffante journée d'été, me suis placé devant la porte du chalet et ai demandé à Jean d'appuyer sur le bouton. De la taille en montant, j'avais l'air très respectable, de la taille en descendant, je portais un short et étais pieds nus. Nous avons recadré la photo, l'avons flanquée sur le formulaire et le tout fut expédié à toute vitesse à l'Université de Toronto.

> Une façon de rendre le travail moins **intimidant** est de le diviser en **parties** égales.

Mais ma procrastination ne s'est pas arrêtée là. Une fois que j'ai été vraiment accepté à l'école de médecine, j'ai négligé d'appeler l'université pour confirmer ma présence aux cours. C'est mon *frère* qui, après me l'avoir rappelé à plusieurs reprises, a fini par téléphoner pour dire que j'allais y être.

La procrastination est un comportement commun à tous les êtres humains, mais elle coûte très cher. À part le stress que cause la panique de dernière minute, d'autres conséquences sont aussi à prévoir. Une de mes patientes a négligé d'envoyer sa note de frais et ses reçus pendant des mois, ce qui signifie que les sommes qui auraient dû être dans son compte de banque sont plutôt restées dans celui de la compagnie.

Les gens qui font leur déclaration de revenus en retard, se voient imposer de grosses pénalités, sans compter l'intérêt sur les montants non payés. Puis il y a aussi l'embarras que vous cause la rencontre d'une personne qui vous a offert un magnifique cadeau de mariage six mois plus tôt à laquelle vous n'avez même pas trouvé le moyen d'envoyer un mot de remerciement. Vaut-il la peine d'attendre que la voiture ne soit plus sous garantie pour la faire réparer ? Ou de remettre constamment le plein d'essence jusqu'à ce que vous tombiez en panne sur l'autoroute ? Ou d'attendre que ce soit complet avant de téléphoner au théâtre pour faire réserver des billets ?

Pourquoi les gens remettent-ils les choses au lendemain ? La liste est longue. Laquelle des raisons suivantes s'applique-t-elle à vous ?

- Le manque d'organisation.

- Le désir d'éviter les tâches désagréables.

- La peur de l'échec.

- Inversement, la peur de la réussite et des conséquences qu'elle peut avoir sur votre vie.

- L'impression de ne pas savoir par où commencer le projet demandant tellement d'efforts.

- Le perfectionnisme (vous ne voulez pas faire le travail s'il ne doit pas être parfait ou si vous ne pouvez pas mettre le temps qu'il faut pour qu'il le soit).

- Le manque de confiance en soi et les commentaires intérieurs négatifs.

- La peur du changement.

- La peur d'être rejeté (les chercheurs d'emploi et les vendeurs vivent constamment ce genre de situation).

- La tâche semble trop difficile et demande trop de temps.

- Vous n'avez ni le matériel ni les ressources pour faire le travail.

Il existe un tas d'autres excuses. Remarquez, la procrastination a parfois du bon: quand votre voix intérieure vous dit: « Je ne veux rien savoir de ce travail – à jamais. »

Une façon de rendre le travail moins intimidant est de le diviser en parties égales. Les gros projets semblent décourageants; les petits plus faciles. C'est ce qu'on appelle parfois la méthode du « gruyère ». C'est comme si l'on retirait de petits morceaux de fromage de la grosse pointe plutôt que la manger tout d'un coup.

Faites une liste des étapes à franchir pour terminer le travail que vous voulez remettre à plus tard. Énumérez tout le matériel et l'équipement dont vous aurez besoin. Rassemblez les ressources nécessaires. Ensuite, complétez les étapes une à une comme si chacune constituait une tâche en soi. Et n'oubliez pas de vous récompenser à la fin de chacun des stades.

> « La loi d'Emmett: la crainte de faire un travail siphonne plus de temps et d'énergie que le travail lui-même. »
> RITA EMMETT

Prescriptions

- Dressez la liste de toutes les choses que vous avez remises à plus tard. N'ayez pas peur d'en mettre.
- À côté de chaque chose, écrivez la raison pour laquelle vous vouliez la remettre. Soyez honnête. Enfin, voyez s'il y a des thèmes communs.
- Choisissez une tâche, dans la liste, à laquelle vous attaquer cette semaine (écrire un rapport, nettoyer votre placard, organiser une fête).
- Choisissez un moment cette semaine pour la faire. Rassemblez les choses dont vous aurez besoin pour parvenir à vos fins.
- Servez-vous d'une minuterie de cuisine, réglez-la à une heure. Puis, mettez-vous au travail, sans vous interrompre, sans pause ni distractions.

Dr David Posen

Pendant que j'y pense, j'ai finalement lu le livre *The Procrastinator's Handbook* de Rita Emmett. Très bon! J'aurais dû le lire bien avant!

Comment s'y prendre avec l'encombrement

Avez-vous vraiment besoin de tous ces trucs?

Voici une façon audacieuse de tester votre mariage. Un couple qui s'apprêtait à changer de maison a décidé de faire le ménage de ses garde-robes. Chacun se donnait du mal pour savoir quels vêtements jeter. Beaucoup de frustration, peu de progrès. Chacun y allait de son opinion et de remarques sarcastiques incisives sur le choix de l'autre : « Tu ne portes jamais ce vêtement, pourquoi le gardes-tu ? » et « Ça, c'était déjà passé de mode quand tu l'as acheté ! » Finalement, ils ont eu une idée intéressante. Ils ont changé de place. Chacun a commencé à trier la pile de vêtements de l'autre. Une dynamique intéressante s'en est suivie : si l'un se montrait trop impitoyable, il savait que l'autre ferait de même. Un certain niveau d'honnêteté et de retenue s'est donc rapidement installé. Ils se sont mutuellement aidés à choisir, de façon sensée, les vêtements dont il fallait qu'ils se départent, ce qu'ils n'auraient pu faire seuls. C'était aussi une bonne façon de tester la solidité de leur relation – qui, par bonheur, a survécu.

Qu'il s'agisse de vêtements, de livres, de gadgets, d'outils, de chapeaux de fête ou de notes du secondaire, l'encombrement génère de nombreux problèmes. Il empiète sur l'espace utilisable à la maison ou au bureau. Il crée de la confusion et de l'inefficacité. Il constitue un risque d'incendie et un milieu favorable à la prolifération des moisissures et de la vermine. Le fait d'avoir de la difficulté à trouver quelque chose engendre du stress. Souvenez-vous de la dernière fois où vous aviez besoin de quelque chose de toute urgence et que

> Une **place** pour chaque chose et **chaque chose** à sa place.

vous avez dû, paniqué, retourner péniblement des tas de trucs à la recherche de l'insaisissable article. (Des bottes d'hiver le matin de la première tempête de neige me viennent à l'esprit.) L'encombrement mène au manque d'organisation et peut même devenir lourd.

Je peux témoigner personnellement des bienfaits du désencombrement. Après avoir nettoyé mon cabinet de fond en comble il y a deux ans, j'ai enfin pu revoir le dessus de mon bureau.

Ça faisait du bien! J'ai éprouvé une sensation de légèreté et de soulagement. Je me suis senti plein d'énergie. Le désencombrement vous donne l'impression d'être mieux organisé et de maîtriser la situation. Et de temps en temps, vous tombez sur un trésor que vous pensiez perdu à jamais. Puis il y a le plaisir de donner des choses à des personnes qui, vous le savez, vont l'apprécier. Si vous avez suffisamment de bonnes choses, vous pouvez faire une vente-débarras – un sérieux exercice de délivrance fondé sur le principe que les déchets d'une personne sont les pièces d'or d'une autre (enfin, d'argent ou de bronze).

Voici quelques stratégies de désencombrement:

- Trouvez une méthode pour les grands espaces (si vous faites le ménage d'une pièce, commencez par un coin).

- Posez-vous les vraies questions. Ne gardez pas les choses parce que vous pensez pouvoir vous en servir un jour. Et cessez de croire qu'un jour vous ferez réparer votre vieille guitare et que vous reprendrez des cours.

- Soyez impitoyable. Si votre motivation diminue, demandez à quelqu'un de vous aider et faites une pause pour revenir en force plus tard.

- Ayez une place pour chaque chose et mettez chaque chose à sa place.

- Rangez les choses de même nature dans des boîtes, des paniers ou des bacs, et étiquetez-les clairement.

- Mettez au point un système de rangement. Les outils devraient être rangés
ensemble; les photos devraient être
dans des albums ou des boîtes; les tu-
ques, écharpes et mitaines devraient
être au même endroit; les valises,
fourre-tout et sacs de sport devraient
avoir leur propre coin, et ainsi de

> « Vous ne pouvez pas
> **tout avoir**. Où le
> mettriez-vous ? »
> STEPHEN WRIGHT

suite. À la maison, nous avons un « sac anniversaire » dans
lequel nous rangeons les banderoles, affiches, chandelles et
assiettes en carton.

- Mettez au point un système de recyclage. Mon épouse met
une étagère de plastique dans le placard à balais du rez-de-
chaussée. Nous mettons les boîtes de conserve et les bouteil-
les sur le rayon du haut, les sacs de plastique sur le deuxième rayon, les journaux et les magazines sur le troisième,
ensuite les bouts de carton et le carton ondulé sur la tablette
du bas. Le jour de la collecte, en quelques minutes, tout est
au bord du trottoir parce que tout a été rangé de façon
organisée au cours des deux semaines précédentes.

- Mettez les choses que vous ne voulez plus dans trois contenants différents : un pour ce que vous jetez, un pour les choses que vous donnez à des personnes précises, un troisième
pour les choses que vous donnerez aux œuvres de charité
locales.

- Pensez à faire une vente-débarras (seul ou avec vos voisins).
Les vêtements usagés peuvent être laissés en consignation
dans certaines boutiques ; les livres peuvent être vendus
dans une librairie de livres usagés.

- Une fois que vous aurez désencombré un coin, évitez d'y
accumuler encore une fois des tas de trucs. Soyez plus atten-
tif lorsque vous achetez des choses ou lorsque vous acceptez
des choses des autres.

Prescriptions

- Trouvez un espace de votre maison ou de votre bureau, par exemple un tiroir, une armoire ou un pièce entière, qui abrite un véritable fouillis.
- Choisissez un moment dans la semaine que vous consacrerez au nettoyage de ce capharnaüm (peu importe que vous terminiez le travail, l'important est que vous ayez un bon départ). Donnez-vous au moins une heure.
- Sortez tout et faites trois piles : ce que vous conservez, ce qui n'est bon qu'à jeter et ce que vous hésitez à jeter.
- Remettez en place ce que vous voulez conserver tout en étant sélectif. Créez un système de rangement ordonné.
- Examinez minutieusement ce que vous hésitez à jeter et demandez-vous honnêtement quelle a été la dernière fois que vous vous êtes servi de ces choses. Si elles sont brisées, n'ont pas été utilisées au cours des deux dernières années ou ne vous plaisent plus, bye bye !
- Décidez si vous jetez les choses que vous ne voulez plus ou si vous les donnez.

Dr David Posen

À propos, le couple qui s'évertuait à faire le ménage de ses garde-robes se porte très bien et les vêtements que chacun porte leur vont à ravir, plus de trente ans plus tard.

La paperasserie

Nous jetons toujours du papier

Qu'est-il arrivé du rêve de Bill Gates d'un bureau sans papier ? Il y a quelques années, j'ai fait le grand ménage de mes papiers au bureau. Aujourd'hui, je cherche toujours autant mes papiers comme si une tornade était passée en mon absence. Publicité importune, télécopies, rapports, articles de chercheurs et bulletins d'informations. Je reçois un tas de magazines et de journaux auxquels je ne me suis jamais abonné mais qui renferment des informations intéressantes. Les catalogues et les manuels sont de plus en plus épais d'une année à l'autre. Certains mensuels sont aussi volumineux qu'un annuaire de téléphone. L'obligation de conserver certains documents un certain temps me fait hésiter à me débarrasser des choses un tant soit peu importantes. Que faire alors ?

Je ne suis pas seul. Un récent fait divers dans une journal révélait que l'usage du papier avait augmenté de 40 % depuis l'arrivée des télécopieurs, des ordinateurs et du courrier électronique. La plupart d'entre nous croulons sous la paperasserie. Un magasin que je connais utilise une page entière comme reçu pour un achat de 4,95 $, soit des piles. Voilà qui crée du stress, de la frustration et un certaine perte de contrôle, sans compter le sentiment de panique qui s'installe quand vous ne pouvez trouver des documents importants. Beaucoup a été dit sur la nécessité de dompter la bête et aussi, naturellement, sur le papier !

Comment pouvons-nous nous sortir d'affaire ? Pour commencer, nous avons besoin de temps, d'un système de classement, d'une résolution inébranlable et de la discipline ! Le processus de désencombrement comporte trois phases :

Phase 1 : triez et sélectionnez la paperasserie

Choisissez un coin que la paperasse a transformé en désastre. Ramassez tous les documents mobiles (journaux, magazines, courrier, factures, invitations, correspondance, etc.) et faites-en une pile. Maintenant, procurez-vous quatre contenants (des paniers ou des petites boîtes feront l'affaire) et séparez la piles en quatre groupes : à donner suite, à classer, à lire et à jeter (le contenant le plus important est votre poubelle).

> Chaque **papier** représente une **décision** que vous avez **repoussée** dans le passé.

La phase 1 a deux objectifs : éliminer la paperasse inutile et trier le reste en fonction des groupes « à classer » ou « à donner suite ». Ne vous enlisez pas et ne commencez pas à lire des trucs. Mettez simplement chacun des papiers dans l'un des quatre contenants. Vous aurez des choix difficiles à faire. Chaque papier représente une décision que vous avez repoussée dans le passé.

Il se peut que vous ayez des sueurs froides à la pensée de devoir vous départir de certaines choses. Tenez bon ! Jetez tout ce qui est périmé. Si vous avez plusieurs articles se rapportant à un sujet, n'en gardez qu'un ou deux. Avec les magazines et les journaux, découpez les articles qui vous intéressent, agrafez-les ensemble et balancez le reste.

Phase 2 : organisez et rangez ce que vous avez décidé de garder

a) Triez le contenant « à donner suite ». Sortez les factures qui doivent être payées et la correspondance à délai de livraison critique. Mettez-les dans leur propre chemise ou panier pour que vous puissiez vous en occuper tout de suite.

b) Pour le contenant « à classer ». procurez-vous un classeur à au moins deux tiroirs, préférablement à dossiers suspendus. Achetez des séparateurs alphabétiques et des chemises. Puis triez votre pile une feuille à la fois et formez des catégories : reçus, assurances, manuels, garanties, photos, documents utiles à la santé, dossiers financiers, relevés de taxes, cartes, lettres, etc. Selon la grande spécialiste de l'organisation Stéphanie Culp, 80 % de ce que vous classez ne sera jamais plus consulté.

Une autre experte de l'organisation, Barbara Hemphill, suggère que vous vous posiez les questions suivantes avant de prendre votre décision :

- Ai-je demandé cette information ?

- L'information est-elle accessible ailleurs ?

- L'information est-elle assez récente pour être utile ?

- Puis-je trouver une circonstance où cette information spécifique me serait utile ?

- S'agit-il de documents en rapport avec les impôts ou de nature juridique ?

- Quelle est la pire chose qui pourrait se produire si je n'ai pas ce bout de papier ?

c) Passons ensuite à la pile « à lire ». Si vous êtes comme moi, vous avez dû garder certains articles de magazine ou des trucs que les copains vous ont envoyés. Vous vous imaginez assis dehors un après-midi d'été en train de passer en revue cette fascinante information. Mais quand le temps sera venu, vous préférerez probablement lire le nouveau livre que vous viendrez juste d'acheter ou le nouvel article sur le sujet que la poste viendra de vous livrer le matin même. Les spécialistes vous diront d'arrêter de prétendre que vous lirez ces choses un jour. Ça n'arrivera pas. Vous pouvez bazarder la plus grande partie de ce matériel dès maintenant.

Classez les choses que vous conservez dans des chemises étiquetées (santé, événements mondiaux, conseils financiers, etc.). Vérifiez si votre évaluation corres-

> « Le travailleur moyen passe **150 heures** par année à chercher de l'information. »
>
> BARBARA HEMPHILL

pond à la réalité : écrivez la date sur chacun des dossiers, puis retournez-y trois mois plus tard pour savoir ce que vous avez lu. Après six mois, c'est la poubelle !

Quand ce sera fait, vous vous sentirez beaucoup plus léger, mieux organisé, plus en contrôle et peut-être même un peu béat (c'est bien mérité). Et vous trouverez ce que vous cherchez en une fraction de seconde.

Phase 3 : contrôlez les nouvelles entrées de papier et poursuivez le processus

Il vous faudra du temps car le papier ne se classe pas tout seul. Vous devrez trier vos dossiers périodiquement. Mais vous devrez surtout contrôler l'arrivée de papier. J'ai laissé tomber un abonnement à un magazine chaque année au cours des trois dernières. J'achète rarement des magazines, des journaux ou des livres, à moins qu'il y ait de bonnes chances que je les lise bientôt. (Pourquoi payer pour s'encombrer ?) Faites attention à ce que vous imprimez depuis Internet. Ouvrez votre courrier à côté de votre corbeille.

> **Prescriptions**
> - Prévoyez deux ou trois heures la semaine prochaine au cours desquelles vous trierez vos papiers.
> - Choisissez un espace à trier : la pièce tenant lieu de bureau, votre bureau, même un tiroir ou une armoire.
> - Préparez vos quatre contenants, y compris une grosse poubelle, ou encore mieux, un bac de recyclage.
> - Préparez fournitures et matériel tels que classeurs, chemises, stylo à étiqueter.
> - Mettez-vous au travail.
>
> Dr David Posen

Le mois prochain, je prévois faire le grand ménage d'un autre coin. Je devrais peut-être demander à Bill Gates de venir me donner un coup de main !

L'argent et le stress

Il est temps de voir les choses en face

Mon copain Dave appelle ça la *Loi de la faillite périodique*. Voici comment ça fonctionne. Vous n'avez plus d'argent, alors vous en empruntez à l'ami A. Une fois l'emprunt effectué, vous avez de l'argent mais lui se retrouve un peu dégarni. À un moment donné, il est à court de fric et il se tourne vers un ami B pour en trouver. Vous recevez un chèque de paye et payez l'ami A, qui a maintenant suffisamment d'argent. Mais seulement pour un temps puisqu'il devra payer l'ami B, et ainsi de suite. C'est ainsi que beaucoup d'entre nous avons fait tout au long de nos études. Nous étions alternativement « riches » et « sans le sou ».

Le problème est que certaines personnes continuent de vivre de la sorte, toujours près de la limite. Elles empruntent toujours à Pierre pour payer Paul. La différence, c'est que maintenant leurs « copains » s'appellent « banques » et « cartes de crédit ». Coûteuses en intérêts mais aussi en stress.

La pression des milieux financiers et les soucis qu'elle engendre constituent d'importants agents stressants dans le monde d'aujourd'hui. La plupart des gens luttent constamment pour rester à flot. J'ai vu deux autocollants pour pare-chocs révélateurs à ce sujet; l'un disait : « Puis-je payer ma Master Card avec ma Visa ? » et l'autre : « Je ne peux pas être à découvert, il me reste encore des chèques ! »

Mais il n'y a pas que le manque d'argent qui engendre du stress. La façon dont on utilise l'argent constitue aussi un problème. De nombreux couples se disputent parce que l'un veut épargner alors que l'autre veut dépenser (« La vie est courte, il faut en profiter ! »). C'est un conflit de valeurs. Les personnes qui vivent en couple ont aussi des priorités différentes : l'une peut vouloir

> Quand les gens **discutent** d'argent, ce n'est jamais vraiment **d'argent** dont ils parlent.

refaire le sous-sol tandis que l'autre voudrait faire un voyage, même si les deux projets sont au-dessus de leurs moyens. Il en résulte de la tension et de la frustration.

Puis il y a le stress lié au simple fait de trouver le moyen de faire plus d'argent ; travailler un plus grand nombre d'heures, chercher un deuxième emploi. « Gagner plus d'argent pour en dépenser plus », un cycle stérile et sans fin. Beaucoup de personnes conservent leur emploi jusqu'à ce qu'elles aient droit à leur pleine pension ou à une bonne indemnité de cessation d'emploi.

Les gens qui ont de l'argent ont aussi des maux de tête, surtout lorsque la Bourse s'écroule. Ils se font du mouron pour savoir comment investir et vers qui se tourner pour avoir des conseils. (J'ai déjà entendu quelqu'un définir ainsi les conseillers financiers : « C'est une personne à laquelle vous donnez votre argent jusqu'à ce qu'il n'en reste plus ».) Ils s'efforcent aussi quotidiennement de s'ajuster aux fluctuations du marché boursier.

Il est intéressant de voir la réaction des gens quand il est question d'argent. Certains planifient leurs dépenses, d'autres dépensent impulsivement. Devinez qui flambe le plus de fric ? Faire du lèche-vitrines est sans conséquence, mais si vous entrez dans le magasin, je parie que vous achèterez quelque chose dont vous n'avez pas besoin.

Puis il y a le problème que pose le partage de l'addition. Quand j'étais jeune, les gars payaient pour les filles quand nous sortions. Le samedi soir, j'avais 10 $ pour payer le cinéma et les friandises ; ma sœur jumelle, elle, sortait élégamment avec son cavalier avec pour toute fortune une pièce de dix cents lui permettant de donner un coup de téléphone en cas de pépin.

Et que dire de l'étiquette au restaurant ? Quatre personnes s'offrent une soirée au restaurant. Trois choisissent un steak et du vin tandis que l'autre prend une soupe et une salade. L'addition devrait-elle être séparée en quatre ? La personne qui mange moins éprouve un certain stress à devoir payer pour ses copains, mais dire franchement ce qu'elle pense est aussi stressant.

Il y a aussi le petit jeu qui consiste à montrer qu'on a les moyens : où l'on fait toute une mise en scène pour savoir qui va régler l'addition. Un des convives ne s'offre jamais tandis que les autres se battent pour savoir qui sera le chic type (ou pour en mettre plein la vue) qui payera pour les trois autres.

N'oublions pas l'autre petit jeu qui consiste à contrôler son conjoint, dans lequel une personne contrôle les cordons de la bourse qu'elle délie très parcimonieusement, n'accordant que des miettes au conjoint qui doit justifier tous ses achats et demander la permission avant d'acheter un magazine à 5 $.

L'argent et le stress : il y a d'innombrables combinaisons possibles. Et dans au moins une, l'argent peut, en fait, soulager le stress. De nombreuses personnes achètent de nouveaux vêtements ou de nouveaux gadgets quand elles sont stressées pour se remonter le moral. C'est ce qu'on appelle « le magasinage thérapeutique » !

> « La façon la plus sûre de **doubler** votre **investissement**, c'est de plier les **billets** en deux et de les mettre dans votre **poche**. »
> KIM HUBBARD

Mes patients m'ont appris deux choses intéressantes. La première, c'est que l'argent ne signifie pas la même chose d'une personne à l'autre. Voici ce que dit un de mes amis à ce sujet : « Quand les gens discutent d'argent, ce n'est jamais vraiment d'argent dont ils parlent. » C'est de sécurité, de liberté, de luxe, de pouvoir et de statut, d'honnêteté, de responsabilité, de confiance et de valeurs ! Ça peut vouloir dire autre chose encore, pour vous.

La deuxième chose que j'ai apprise est que le stress lié à l'argent n'a rien à voir avec le montant dont les gens disposent. J'en ai vu de fortune modeste être angoissés par l'argent et d'autres qui croulaient sous le fric l'être aussi. À l'inverse, il n'est pas rare d'entendre des patients dire : « Ma situation financière est, à vrai dire, un peu plus mauvaise qu'elle l'était il y a six mois, mais elle me stresse moins. »

Suggestions pour mieux gérer votre argent

• **Distinguez les choses que vous désirez des choses dont vous avez besoin.** Soyez conscient de la façon dont vous dépensez votre argent. La nourriture, le logement et les vêtements essentiels sont du domaines des choses dont vous avez besoin. Tout le reste est du domaine des choses que vous désirez.

• **Disciplinez vos dépenses.** Lorsque vous allez au centre commercial, décidez ce dont vous avez besoin, achetez-le et partez. Vous épargnerez ainsi temps et argent. Faire du lèche-vitrines mène aux achats impulsifs. Les spécialistes des techniques marchandes sont plus malins que vous !

• **Payez-vous d'abord.** Prenez 10 % de votre chèque de paye et déposez-le immédiatement à la banque. Ne le laissez même pas toucher le bout de vos doigts. Vous remarquerez alors deux choses : 1) le solde de votre compte augmente rapidement et 2) si vous déposez l'argent avant de le voir, il ne vous manquera jamais.

• **Payez vos dettes le plus vite possible.** Ainsi que mon père le disait, « les intérêts vont te ruiner ». Payez d'abord les soldes dont les intérêts sont les plus élevés (surtout les cartes de crédit). Ensuite, débarrassez-vous des dettes qui ne sont pas déductibles d'impôts. N'ayez pas plus qu'une ou deux cartes de crédit et retournez les autres. Payez votre solde de carte de crédit au complet tous les mois. Autrement, payez comptant.

• **Suivez vos dépenses de près pendant quelques mois** pour voir où va votre argent. Écrivez tout ce que vous dépensez. Vous aurez peut-être un choc quand vous constaterez que votre soupe et votre sandwich tous les midis vous coûtent 35 $ par semaine et que négliger de rapporter un DVD coûte 5 $ chaque fois. Tout cela s'additionne.

• **Vivez selon vos moyens.** C'est-à-dire selon votre revenu net après impôts.

• **Si vous avez de la difficulté à gérer votre argent, demandez l'aide d'un professionnel.** La plupart des communautés offrent des conseils en crédit à la consommation.

Prescriptions

• Assoyez-vous cette semaine et produisez un état de vos revenus et dépenses. Notez vos avoirs (investissements, épargne, valeur de la maison et de l'auto, etc.) et vos dettes (emprunts, hypothèque, cartes de crédit).

• Calculez vos dépenses mensuelles : fixes (hypothèque ou loyer, téléphone, eau et électricité, assurances) et variables (épicerie, essence, vêtements, coiffeur, etc.) Puis comparez vos dépenses mensuelles à votre revenu mensuel. Dépensez-vous plus que vous gagnez ?

• Écrivez tout ce que vous dépenserez au cours de la semaine prochaine et habituez-vous à suivre vos dépenses de près.

• Choisissez une dépense que vous supprimerez (votre beigne et votre café du matin, par exemple).

• Décidez quel emprunt ou quelle dette vous paierez en premier. Faites un paiement cette semaine même s'il s'agit d'un paiement symbolique.

DR DAVID POSEN

Il est temps que vous ayez bien en main votre argent et que vous soyez conscient de la façon dont vous le dépensez. Alors la *Loi de la faillite périodique* ne s'appliquera plus à vous.

Difficulté à prendre des décisions

Demandez à vos amis, tirez à pile ou face, ou lisez ce qui suit

Une de mes amies raconte comment elle et moi sommes allés un jour à Los Angeles m'acheter un maillot de bain. Nous avons fait quelques magasins et en avons vu des milliers. Je n'arrivais pas à me décider. Le choix était si grand, des caleçons de bain de tous les styles et de toutes les couleurs imaginables. Je dois dire, à son honneur, que ma copine était d'une patience et d'un calme à toute épreuve. Plus tard, j'ai compris combien elle avait dû passer près de s'arracher les cheveux – ou d'arracher les miens. J'agissais comme si j'allais m'acheter une villa sur le bord de la mer alors que je ne voulais qu'un maillot de bain pour m'y prélasser !

Après coup, je crois que cela était dû à deux choses : d'abord, il y avait beaucoup trop de choix, et aucun maillot ne semblait montrer les qualités requises (pardonnez le double sens). Forcé de m'en remettre à ce qui ne semblait être que des deuxièmes choix, je n'arrivais pas à me décider.

> **Demandez-vous ce qui peut arriver de mieux et de pire. Et analysez quelles sont les chances que les choses s'améliorent et quels sont les risques qu'elles se détériorent.**

Ironiquement, quand il s'est agi de changer de carrière, il ne m'a fallu que quelques jours, et j'ai acheté ma dernière voiture après deux ou trois heures d'essai routier. Il y a des moments où nous savons que c'est la bonne décision, voilà tout. À d'autres, nous ne faisons que tourner en rond (souvent pour des choses sans importance).

La difficulté à prendre des décisions est un symptôme de stress, mais peut aussi être une source de stress. L'incertitude mène à un sentiment d'insécurité, à la confusion et à la perte de contrôle. Depuis toute ces années que je fais mon boulot de médecin, j'ai aidé beaucoup de patients qui avaient du mal à prendre des décisions importantes et difficiles (séparation, abandon d'un emploi, vente d'une propriété). Si je ne puis décider à leur place, je peux les aider pendant le processus décisionnel et après, quelle que soit la décision qu'ils prennent. Voici quelques approches que j'ai trouvées utiles:

1. Dressez la liste de toutes les options auxquelles vous pouvez penser

Ne vous censurez pas à ce niveau-ci – ne faites que dresser la liste la plus complète possible. Par exemple, dans un conflit dont l'enjeu est le mariage, les possibilités ne se bornent pas simplement à rester ou partir. On peut aussi:

- Rester et accepter le statu quo.

- Rester ensemble, mais travailler à corriger le tir et à essayer d'améliorer la relation.

- Rester marié et consulter un professionnel.

- Rester marié et vivre séparément.

- Essayer la séparation (avec ou sans l'aide d'un professionnel).

- Se séparer de façon permanente.

- Divorcer.

Après avoir dressé la liste de vos options, éliminez celles qui ne vous conviennent pas. Ensuite, placez par ordre de préférence les possibilités qui restent. Puis décidez à quelle possibilité vous voulez donner suite. Enfin, élaborez un plan d'action.

2. Servez-vous de la technique du «bilan» de Ben Franklin

Il y a des années que je me sers de cette technique avec mes patients et pour mes propres besoins. Prenez un problème avec lequel vous avez de la difficulté et dressez la liste des « pour » et des « contre » de chacune des options. Nous avions un cottage à la campagne à propos duquel nous n'arrivions pas à nous décider (notamment à cause des trois heures de route qu'il fallait pour nous y rendre). Un beau jour, nous avons envisagé l'idée de le vendre. Nous avons pris une feuille quadrillée et avons tracé une ligne formant quatre quadrants tel qu'illustré ci-dessous.

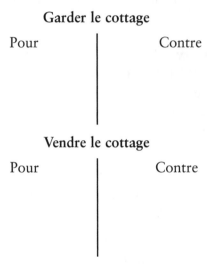

Garder le cottage

Pour | Contre

Vendre le cottage

Pour | Contre

Ensuite, nous avons énuméré tous les « pour » et les « contre » auxquels nous pouvions penser. On pourrait croire qu'il y a autant de bonnes raisons de garder la maison que de la vendre, mais en voyant la chose comme si l'on devait « rester » ou « partir », des raisons différentes nous viennent à l'esprit. Cet exercice nous a permis d'examiner la question de long en large et la décision fut plus facile à prendre.

Ce ne sont pas tous les facteurs qui sont d'importance égale. Il faut mettre en évidence les points les plus importants ou se servir d'une échelle d'évaluation.

Même lorsque le bilan ne vous donne pas de réponses claires, il vous aide à mieux comprendre le problème. En ce sens, le processus est aussi important que la décision finale.

3. Demandez-vous ce qui peut arriver de mieux et de pire. Et analysez quelles sont les chances que les choses s'améliorent et quels sont les risques qu'elles se détériorent.

Un copain m'a téléphoné pour me donner un tuyau en matière d'investissement : une hypothèque de deuxième rang sans risque donnant 4 % de plus que les taux en cours. J'ai voulu savoir ce qu'en pensait mon frère qui s'y connaît en la matière. Il m'a posé deux questions : « Si c'est sans risque, pourquoi donnent-ils une prime de 4 % ? » et « Combien prévois-tu investir ? » J'ai dit : « 5000 $ ». Il a fait le calcul : « Ce 4 % ne va améliorer ton rendement que de 200 $ par année (les profits éventuels) alors que les risques sont que tu perdes ton 5000 $. Je ne toucherais pas à cela. » Vu sous cet angle, la décision était facile à prendre.

> « Quand vous arriverez à **l'embranchement** sur la route, prenez-le. »
>
> Yogi Berra

4. Ne cherchez pas la perfection dans vos décisions.

Une patiente avait du mal à prendre une décision difficile. Nous avons dressé la liste des options qui s'offraient à elle et aucune n'était vraiment avantageuse. Finalement, j'ai suggéré que nous changions notre façon de voir les choses : « Cessons de chercher la bonne solution, elle n'existe pas. Prenons celle qui est la moins mauvaise. »

5. Imaginez que votre décision est déjà prise et constatez ce que vous ressentez.

Une de mes patientes n'arrivait pas à prendre une décision. Au bout du compte, je lui ai dit : « Il me semble bien que c'est match nul. Dans ces conditions, tirons à pile ou face. » « Très bien », a-t-elle répondu. Dès qu'elle a vu que c'était pile, son visage s'est assombri. « Voulez-vous que nous fassions un deux de trois, ai-je demandé ? » « Oui ! » a-t-elle répondu rapidement, constatant du même coup que sa réaction en disait long sur ce qu'elle préférait vraiment.

6. Servez-vous de la règle du 80/20

Dans le monde des affaires d'aujourd'hui en constante transformation, les décisions doivent être prises rapidement, souvent sans posséder toute l'information nécessaire. En règle générale, si vous disposez de 80 % de l'information nécessaire, c'est suffisant pour prendre la décision.

Prescriptions

- Choisissez une zone d'indécision avec laquelle vous avez de la difficulté dans le moment.
- Dressez la liste de toutes les options auxquelles vous pouvez penser.
- Classez vos possibilités par ordre de préférence.
- Choisissez votre première option, élaborez un plan de match et faites le nécessaire,
- Si vous n'êtes toujours pas certain, prenez vos deux premières options et soumettez-les au bilan de Ben Franklin.

DR DAVID POSEN

La prochaine fois que vous irez voir les maillots de bain, si vous ne trouvez rien à votre goût, sortez du magasin. Et emmenez toujours votre conseillère en mode.

Se faire du souci avant le temps

Chaque chose en son temps!

J'ai vu une patiente aux prises avec un problème très fréquent ce matin. Elle se réveillait deux fois par nuit et se faisait du mauvais sang au sujet de problèmes reliés au travail. Et si certains étaient d'actualité, beaucoup étaient généraux et en rapport avec des chose qui n'arriveraient pas avant un sacré bout de temps, sinon jamais.

Se faire du souci est à la fois une cause et un symptôme de stress. C'est aussi une formidable perte de temps et d'énergie. Une certaine forme d'inquiétude est normale et inévitable. Par exemple, quand votre adolescent n'est toujours pas rentré deux heures après l'heure prévue de retour. Mais certaines personnes s'en font des semaines, voire des mois, à l'avance. C'est comme si elles anticipaient pour être malheureuses le plus longtemps possible. Agir ainsi est une véritable perte de temps, surtout parce que la plupart des choses pour lesquelles nous nous faisons du souci ne se produisent jamais. C'est ce que j'appelle « se faire du souci à distance ». Un de mes patients appelle cela « emprunter des ennuis au futur ».

Certaines personnes croient que s'inquiéter éloigne les ennuis. Un de mes patients dit qu'il s'agit d'« inquiétude préventive ». Sa théorie est que s'il se fait du souci à propos de quelque chose, cette chose n'arrivera pas. Comme c'est impossible à prouver, c'est une notion qui peut être difficile à chasser. C'est comme l'histoire de ce type qui fait toujours claquer ses doigts. Quelqu'un lui demande : « Pourquoi faites-vous cela ? »

« Pour éloigner les éléphants. »
« Mais il n'y a pas d'éléphants dans un rayon de 5000 km. »
« Eh bien vous voyez, ça marche ! »

> «Une journée de **mauvais sang** est plus épuisante qu'une semaine de travail.»
>
> ANONYME

Dans les années 1990, on se faisait beaucoup de bile à propos de la sécurité d'emploi en période de réduction d'effectifs, de restructuration et de fusion. Les gens étaient hypersensibles au moindre changement dans leur milieu de travail. Toute directive ou remarque cavalière étaient perçue comme un indice de changement possible de la politique de la compagnie. J'ai appris à aborder ce genre de problème d'une façon différente. Chaque fois qu'une rumeur courait voulant que le gouvernement ait une nouvelle politique concernant les médecins, j'adoptais une attitude du genre «attendons voir» et ne tombais pas dans les spéculations ou suppositions. Je me suis ainsi épargné beaucoup d'inquiétude.

Je me suis concocté une philosophie pour faire face aux craintes et aux incertitudes au sujet de l'avenir: «Ne vous inquiétez pas des choses avant qu'il y ait matière à vous inquiéter.» Et il y a un corollaire: «S'il y a matière à vous inquiéter, vous aurez tout le temps voulu pour le faire à ce moment-là. Vous n'avez pas besoin de commencer tout de suite.» Ces devises m'ont bien servi et ont bien servi beaucoup de mes patients au fil du temps.

Quelle est la solution de rechange?

La réponse n'est pas de faire semblant que rien ne peut se passer et de mettre la tête dans le sable. Nier est irresponsable et peut même être dangereux. Il y a cependant un moyen terme entre contentement de soi et inquiétude, c'est: nécessité de tenir compte.

Voici l'illustration de cet éventail:

Satisfaction insouciante	Nécessité de tenir compte de la chose	Inquiétude par rapport à la chose

Voici comment je distingue « nécessité de tenir compte de la chose » de « inquiétude par rapport à la chose » :

Inquiétude par rapport à la chose	Nécessité de tenir compte de la chose
Attitude émotionnelle	Attitude rationnelle
La personne est craintive, anxieuse	La personne est concernée, intéressée
Vision axée sur les problèmes (réactive)	Vision axée sur les solutions (proactive)
Attitude stressante, épuisante	Attitude pertinente, constructive
Comportement nuisible	Comportement salutaire

Lors d'un de mes séminaires, un homme a décrit cette différence ainsi : « L'inquiétude, c'est quand *je suis dominé* par la chose, et la nécessité de tenir compte, quand *je domine* la chose. »

Au lieu d'éviter ce que vous craignez, faites-y face, mais d'une façon constructive et organisée.

Je me sers d'un exercice appelé *Inquiétude créatrice*. Vous pouvez l'utiliser dès que vous vous faites du souci pour quelque chose. Par exemple, si vous vous faites du mauvais sang au sujet d'un problème au moment du coucher, vous pouvez faire cet exercice avant de vous glisser sous les couvertures. Assoyez-vous avec un stylo et un bout de papier et répondez aux questions suivantes :

- Quelle est la pire chose qui puisse arriver ? Quelle est ma plus grande crainte ? (Et voilà ! maintenant vous l'avez dit !)

- Quelles sont les risques qu'un tel événement se produise ? Quelles sont les probabilités qu'une telle chose se produise vraiment ?

- Si l'événement se produit bel et bien, qu'est-ce que je ferais pour gérer la situation ? Quelles mesures prendrais-je pour faire face au problème ?

- Que puis-je faire maintenant pour éviter que cela ne se produise ou pour me préparer à l'événement ?

Une fois que vous aurez répondu à ces questions, vous aurez un plan de match à mettre en pratique s'il est bel et bien vrai que le pire se produit. Rangez-le quelque part et allez vous coucher. Vous ne pouvez rien faire de plus pour l'instant. Vous faire davantage de souci ne vous mènera absolument nulle part.

Pour garder les choses en perspective, souvenez-vous des mots de Montaigne, le philosophe français : « Ma vie a été une suite de catastrophes dont la plupart ne se sont jamais produites. » Si vous êtes un anxieux chronique, voyez quels ont été vos antécédents en la matière. La plupart des choses pour lesquelles vous vous êtes fait du souci ne se sont probablement pas produites. Notez que même lorsque certaines choses se sont vraiment produites, vous avez su faire face à la situation et vous tirer d'affaire. Voilà qui devrait vous rassurer.

Prescriptions

- Remarquez ce pour quoi vous vous faites du souci et à quel moment (au volant ? au moment de vous coucher ?).
- Isolez un problème qui vous stresse dans le moment : soucis financiers, problèmes relationnels, de santé, au travail – ou à l'école, ou toute autre chose.
- Prenez une feuille blanche et affrontez vos inquiétudes, ne les fuyez pas.
- Faites l'exercice de l'Inquiétude créatrice par écrit.
- Élaborez un plan visant à mettre en pratique les idées issues de la question 4.

Dr David Posen

Puis rangez votre feuille quelque part (et vos soucis) et reprenez votre vie en main !

Fermer les
« *circuits ouverts* »

Finir ce que l'on a commencé

Il m'a fallu un certain temps pour comprendre parfaitement la notion de « bureau » sur l'écran d'un ordinateur. J'avais des documents, des fichiers et des dossiers, mais il fallait que je comprenne les rapports qu'ils entretenaient entre eux, et comment y avoir accès. (Vous devinez que je n'avais plus vingt-cinq ans lorsque j'ai découvert cette technologie.) Tout doucement, j'ai appris comment me servir du matériel, bouger des fichiers, ouvrir plusieurs documents en même temps, passer d'un document à l'autre et revenir, et travailler sur écran divisé. À l'instar d'Archimède, une fois que j'ai pigé, j'ai failli crier « Eurêka ! » (sans aller jusqu'à sorti nu dans la rue toutefois, comme ce fut le cas pour le savant homme qui sortait de son bain). C'était impressionnant !

Puis j'ai appris autre chose. Je n'avais pas sitôt ouvert quelques fenêtres que je commençais à ne plus pouvoir bouger et à me sentir perdu (ou comme mon fils me le fit remarquer : que l'ordinateur se plantait). Je me suis alors aperçu qu'il y avait une limite au nombre de fichiers que je pouvais laisser ouverts et que je commençais à me sentir… *stressé* !

Tout comme de multiples fenêtres ouvertes ou de trop nombreuses tâches avec lesquelles jongler peuvent paralyser notre action, des problèmes non résolus peuvent aussi nous rendre la vie impossible. Ils prennent de la place dans notre tête et nous accablent sur le plan émotionnel. Le stress peut venir non seulement des événements en cours, qui tiennent toute la place, mais aussi des choses que nous n'avons pas menées à terme et qui se cachent en coulisse. Lorsque les gens viennent me voir, plusieurs problèmes sont généralement à l'origine de leur stress. La plupart sont récents, mais certains sont

> Il y a **trois** façons d'en finir avec les circuits ouverts : travailler à leur trouver une **solution**, les mettre de côté ou les rayer de la **mémoire**.

connus de longue date – par exemple, un conflit non résolu avec un ami intime des années auparavant ou le regret de ne pas avoir poursuivi ses études.

« Fermer les circuits ouverts » est une expression utile que j'ai entendue il y a quelques années. Plus nous avons de circuits ouverts dans notre vie, plus le risque de distraction, de confusion et de stress est élevé. Faire face aux circuits ouverts permet de tourner la page. Chaque problème que nous résolvons en est un de moins à trimbaler.

Il y a trois façons de fermer des circuits ouverts :

- Travailler à leur trouver une solution.
- Les mettre de côté (temporairement).
- Les rayer de la mémoire.

Un type avait promis un voyage extraordinaire à son fils, mais le moment n'était jamais propice et les années passaient. L'affaire continuait de le harceler. Finalement, il décidé de remplir sa promesse. Ils sont allés en voyage et se sont bien amusés. En prime, il éprouva un sentiment d'accomplissement et connut la satisfaction d'avoir pu tenir sa promesse.

Le concept derrière l'expression « fermer les circuits ouverts » s'est révélé utile à beaucoup de mes patients. Une femme n'aimait pas sa maison – surtout l'endroit où elle était située (elle en faisait une obsession). Il y avait des années qu'elle voulait déménager et la situation l'irritait presque quotidiennement. Après n'avoir été là que de corps durant de nombreuses années (ce qui ne devait pas être chaud pour l'esprit, surtout les nuits d'hiver), elle décida de ne pas bouger : « J'ai fini par décider de rester. C'est une belle maison ; elle fait mon affaire pour le moment. » Elle chassa ensuite l'idée de son esprit et mit un point final à sa tergiversation.

Une autre personne, un homme, avait du mal à établir de bonnes relations avec sa famille à cause d'événements qui s'étaient produits des décennies plus tôt. Il voulait bien discuter des événements en question et fournir ce qu'il fallait d'effort avec sa famille pour trouver une solution, mais personne d'autre n'était intéressé. Il s'est finalement rendu compte qu'il ne pouvait aller plus loin sans leur participation. Il décida de cesser sa quête d'une solution et de passer à autre chose. Il lui fallait clore ce chapitre, même sans solution, le laisser derrière pour pouvoir avancer.

> Lâcher de vieux **bagages** nous **libère** et nous permet de **vivre** vraiment le moment présent.

Prescriptions

* Faites une liste des problèmes que vous considérez «non résolus» (projets, relations, événements ou sentiments ayant pris naissance dans le passé).
* Choisissez un problème que vous voudriez régler et pour lequel vous aimeriez en arriver à une conclusion.
* Décidez quelle est la meilleure façon de le régler:
  * S'il s'agit d'un projet non terminé, terminez-le ou prévoyez quand vous le finirez. Ou décidez que ce n'est pas pratique ou que ça ne vaut pas la peine, et rayez-le de votre liste de «choses en suspens».
  * Si c'est un problème relationnel, parlez à la personne ou écrivez-lui une lettre – assainissez l'atmosphère, excusez-vous, expliquez-vous, mettez les choses au clair, dédommagez la personne s'il y a lieu et résolvez le problème. Ou décidez que ce n'est pas possible (ou que vous n'êtes pas disposé à y faire face), et évacuez-le de votre esprit et de vos émotions.
  * Si c'est lié à de vieilles blessures, de vieux regrets ou ressentiments, parlez-en à une personne de confiance ou consultez un professionnel et venez à bout de vos peines. Ou décidez que vous êtes prêt à laisser tomber les sentiments qui s'y rattachent sans avoir trouvé de solution.

Dr David Posen

Remettre de l'ordre dans les petites choses non réglées est très satisfaisant. Mais choisir de laisser tomber une histoire en suspens peut être aussi bienfaisant.

L'art du recadrage

Tout est dans la façon dont vous voyez les choses

Je donnais un atelier du matin à une conférence, une séance parmi d'autres avant un dîner de gala. Mon groupe était constitué d'une centaine de personnes. J'étais en selle depuis une vingtaine de minutes et tout semblait bien se dérouler. Puis une femme au fond de la salle a ramassé son sac à main, ses notes et son stylo et est sortie silencieusement. J'ai tout de suite pensé : « Je lui ai fait un effet du tonnerre ! » Quelques minutes se sont écoulées, j'ai retrouvé ma confiance et ai continué mon exposé. Une heure plus tard, la même femme est réapparue, s'est assise à l'arrière de la salle, a ouvert son cahier d'exercices et pris part à la séance. Quinze minutes plus tard, elle ramassait de nouveau ses choses et quittait la salle. Cette fois, je me suis dit : « Deuxième prise ! Elle m'a donné une deuxième chance et je l'ai bousillée. » Encore une fois, elle m'a désarçonné, mais j'ai rapidement repris mes esprits.

> Nous avons déjà dû **annuler** des **vacances** en famille parce que notre fils était **malade**. Mon épouse m'a demandé : « Comment pouvons-nous recadrer cela ? » J'ai dit : « Eh bien, pour commencer, nous venons d'épargner 1000 $! »

Au dîner, tous les conférenciers étaient assis à la même table. Et devinez un peu qui était assis avec nous ? Elle s'est approchée de moi et m'a dit : « Votre séance était formidable, je suis désolée d'avoir dû partir (j'ai pensé : ouais, ouais !). Elle a poursuivi : « Je suis un des organisateurs de la conférence et mon travail consiste à me glisser quelques minutes dans chacune des salles pour voir si tout va bien. J'ai vu que vos auditeurs s'amusaient ferme. J'aurais aimé en entendre davantage. » Je fus agréablement surpris et soulagé.

Cet incident est devenu une pierre de touche pour moi, un façon de me rappeler qu'il ne faut jamais tirer des conclusions trop hâtives. Il démontre aussi que la plus grande partie de notre stress ne vient pas des événements ou des situations mais de la façon dont nous les interprétons. Tout ce qui brille n'est pas or.

Voici qui est intéressant. Si le stress résulte généralement de la façon dont nous percevons les choses, alors nous pouvons réduire notre stress en changeant notre façon de penser. C'est ce que nous appelons la technique du « recadrage ». Il s'agit d'une des techniques les plus puissantes de notre répertoire de contrôle du stress.

Il nous arrive tous de recadrer des choses de temps en temps, spontanément et instinctivement. En voici un exemple. En 1970, il y a eu une grève des Postes au Canada qui a duré quelques semaines. Les entreprises ne pouvaient envoyer de factures, les gens des cartes de souhaits et, là où je travaillais, à Oakville, en Ontario, les médecins ne pouvaient s'envoyer de courrier. Puis quelqu'un a eu une idée géniale : « La situation nous semble à tous un problème, mais si c'était plutôt une chance qui nous était offerte ? Nous avons tous des boîtes aux lettres à l'hôpital pour nos rapports de laboratoire. Pourquoi ne pas tout simplement apporter nos lettres à l'hôpital et les mettre nous-mêmes dans la boîte du destinataire d'ici la fin de la grève ? » Cette solution créatrice fonctionna très bien. Et devinez ce qui est arrivé une fois la grève terminée ? Personne n'est retourné au service postal. Encore aujourd'hui, les médecins d'Oakville s'échangent leurs lettres à l'hôpital – livraison le même jour et c'est gratuit. La grève nous a obligés à trouver une solution temporaire qui s'est avérée meilleure que le système que nous utilisions. Nous avons survécu à une crise et fait une trouvaille inespérée. C'est une illustration on ne peut plus juste du dicton anglais « *Necessity is the mother of invention* » (Quand on a vraiment besoin de faire quelque chose, on trouve la façon de le faire). Mais il s'agit aussi d'une forme de recadrage.

Nous recadrons tous des choses à l'occasion, mais nous pouvons apprendre à le faire plus régulièrement et intentionnellement. Après avoir écrit mon premier livre, *Always Change a Loosing*

Game, il m'a fallu quatre années pour trouver un éditeur. Lorsque la première lettre de refus est arrivée, j'étais un peu découragé, alors j'ai trouvé une autre façon de voir les choses :

- L'heure juste : « Il est assez peu probable que l'auteur d'un premier livre trouve un éditeur à sa première tentative. Il est évident que le processus prend du temps. »

- « Plus la réponse affirmative se fera attendre, plus ce sera extraordinaire lorsqu'elle arrivera enfin. » Ce qui s'est avéré juste plus tard.

- « Ça fera une bien meilleure histoire que si je trouvais un éditeur maintenant. (« La Saga du médecin qui a vaincu l'adversité ») Le succès est plus intéressant quand il faut se battre.

- « C'est pour tester ma détermination et ma persistance » (et ma patience et mon optimisme).

- « Ça me donne l'occasion de retravailler mon manuscrit et de le rendre meilleur. » Tom Peters, gourou des affaires et auteur, a observé que « le feed-back est le petit déjeuner des champions ». Après coup, je remercie le ciel que le manuscrit n'ait pas été accepté dans sa première version. Je crois que le temps qu'il a fallu y mettre en fait un bien meilleur livre.

Le recadrage m'a aidé à gérer ma frustration et ma déception. En voyant les refus sous un autre angle, ces lettres ont commencé à ressembler davantage à des barreaux d'échelle qu'à des reproches venus de Dieu sait où. En changeant ma façon de penser, j'ai changé aussi les sentiments que j'éprouvais à l'égard de la chose.

Prescriptions

- Isolez une situation qui vous contrarie dans le moment (l'économie, un patron idiot, un voisin irréfléchi, un projet qui ne va pas bien).
- Demandez-vous : « De quelle autre façon pourrais-je voir la situation ? Y a-t-il un autre point de vue que je pourrais adopter ? Quelle leçon puis-je tirer de cette situation ? » Cherchez des avantages positifs ou des occasions auxquelles vous n'aviez pas pensé avant.
- Pensez à ce que vous diriez à un ami dans une situation semblable (par exemple, « Pourquoi ne verrais-tu pas les choses de cette façon-ci ? »).
- Demandez à une amie comment elle recadrerait le tout. Ou demandez-lui de vous aider à trouver d'autres interprétations géniales.
- Amusez-vous. Demandez-vous : « Y a-t-il quelque chose d'amusant dans cette histoire ? »

DR DAVID POSEN

À propos, si j'avais découvert que la femme qui a quitté mon séminaire l'avait fait parce qu'elle me trouvait médiocre, j'aurais pu, dans ce cas aussi, me servir de la technique du recadrage, peut-être en me disant : « On ne peut pas plaire à tout le monde ! »

Converser avec soi-même

Attention à ce que vous dites !

Un des mes patients hyper stressés se plaignait de ce que son horaire surchargé lui mettait beaucoup de pression. Ses nombreuses activités l'amenaient aussi à faire du bénévolat pour un organisme communautaire. Sa place au sein du conseil exigeait beaucoup plus de travail qu'il ne le pensait. Pour alléger sa charge, je lui ai suggéré de songer à démissionner de son poste. Il m'a répondu : « Je ne peux pas faire ça ! J'aurais l'impression de quitter le navire. Je n'ai jamais rien laissé tomber dans ma vie. »

Son père lui avait enseigné de ne jamais baisser les bras ou d'abdiquer face aux difficultés – surtout en ce qui concernait le sport ou les travaux scolaires. Je lui ai suggéré de ne pas s'attarder au mot « quitter ». Voyez-y plutôt un choix nécessaire visant à mieux prendre votre vie en main et à réduire votre stress. Je ne vous dis pas que vous devriez « quitter » votre poste – seulement que vous devriez « démissionner ». (En fait, le dictionnaire utilise des mots comme « libérer, renoncer, abandonner, laisser en s'éloignant, se séparer, lâcher » pour définir le verbe quitter et « cesser de faire quelque chose ». Tous ces mots décrivent une action sans passer de jugement sur la réputation des gens. Mais le mot « quitter » a fini par avoir une connotation négative dans la société d'aujourd'hui.) Après notre conversation, il m'avisa qu'il allait laisser son poste de bénévole, une décision avec laquelle il était maintenant à l'aise.

Cette histoire illustre le lien qui existe entre langage et sentiments. J'ai entendu quelqu'un dire une fois : « Nous utilisons le langage et celui-ci nous utilise à son tour. » Certains mots sont déclencheurs de stress ou magiques alors que d'autres suscitent beaucoup moins de réactions. Savoir faire des distinctions en matière de langage peut aider à réduire le stress.

> Nous utilisons le **langage**, mais celui-ci nous utilise à son **tour**

C'est le docteur Matthew Budd, mon mentor à Harvard, qui m'a montré comment utiliser le langage. Il a écrit un excellent bouquin sur le sujet intitulé *You Are What you Say* (Ce sont vos paroles qui vous définissent le mieux): c'est le programme éprouvé en six étapes d'un médecin de Harvard visant à transformer le stress par la puissance du langage. (Pour les mordus de cinéma, prenez note que l'introduction a été écrite par le docteur Patch Adams.) C'est un livre formidable, qui réunit de grandes idées et la toute dernière recherche, écrit sur le ton de la conversation et avec un tas de bonnes histoires. Je le recommande grandement!

Voici quelques distinctions à faire en matière de langage qui ont été utiles à mes patients.

Franche affirmation de soi et agressivité

De nombreuses personnes ont du mal à dire ce qu'elles pensent et à exprimer leurs sentiments. Elles craignent d'être perçues comme agressives. Alors, elles choisissent de ne rien dire et s'enferment dans la passivité. Par bonheur, il existe un moyen terme entre ces deux extrêmes qui est: *franche affirmation de soi*. Le discours agressif est vigoureux, fort, tranchant ou même axé sur l'attaque. La *franche affirmation de soi* est lorsque vous dites ce que vous pensez sans placer votre interlocuteur sur la défensive. C'est dire à l'autre personne ce que vous ressentez en utilisant le « je ». Par conséquent, au lieu de dire : « Vous êtes impoli et irrespectueux », vous dites « Je trouve très frustrant que vous ne me retourniez pas mes appels. » Ou : « Je trouve offensant que vous arriviez en retard à notre rendez-vous. »

En formulant différemment ce qu'on veut dire, on change aussi son attitude mentale. Les gens semblent trouver incommodant d'adopter une « attitude agressive », mais « s'affirmer franchement » semble correct.

Feed-back et critique

Si quelque chose me dérange dans un restaurant, je commence par m'adresser ainsi à la personne : « Je voudrais vous donner un peu de feed-back. Ce n'est pas une critique. » Ensuite, je transmets mon message. J'ai l'impression d'être plus à l'aise – plus respectueux et même vertueux. La direction, quant à elle, est plus réceptive et me remercie généralement parce qu'elle y voit un commentaire utile. Si vous avez de la difficulté avec l'information négative, cessez de la voir comme une critique (laquelle est perçue comme une menace) et présentez-la comme s'il s'agissait de feed-back (lequel est constructif).

Décliner et refuser

Si vous avez de la difficulté à dire non, il se pourrait que ce soit à cause du langage que vous employez lorsque vous conversez avec vous-même. Au lieu de penser que vous « refusez catégoriquement » (ce qui vous donne l'impression d'être têtu), pensez que vous « déclinez gracieusement ». Le fait est que vous ne pouvez faire tout ce qu'on vous demande, sinon vous seriez rapidement débordé. Nous devons tous tracer une limite quelque part.

> « La plus grande **découverte** de notre génération est qu'en changeant leur vie sur le plan **intérieur**, les êtres humains la changent aussi sur le plan **extérieur**. »
>
> WILLIAM JAMES

Relaxer et paresser

Un patient se reprochait d'être trop paresseux. Maintenant qu'il faisait partie du troisième âge, il sentait le besoin de s'étendre et de se reposer une heure après le petit déjeuner et de même l'après-midi. Il avait toujours été très actif et occupé de sorte que son nouveau comportement le rendait malheureux.

J'avais l'impression qu'il était injustement dur envers lui-même. Après tout, il avait plus de soixante-dix ans et était à la retraite. Sans compter qu'il avait aussi trois maladies graves qui le fatiguaient et le faisaient constamment souffrir. À vrai dire, le fait qu'il puisse encore vaquer à ses occupations avec autant d'aisance m'impressionnait, et sa vivacité, son humour me fascinaient. Paresse est synonyme de fainéantise, indolence, aversion pour le travail – ce qui n'était pas du tout son cas. J'ai dit : « Vous vous étendez pour vous relaxer, pour vous la couler douce. Ce n'est pas de la paresse. » Il trouva cette nuance intéressante et commença à se donner la permission de le faire sans culpabilité.

Il s'agit ici d'un cas extrême, mais bien d'autres patients (surtout les compulsifs de type A qui ne s'accordent jamais de répit) ont aussi trouvé cette distinction utile.

Prescriptions

- Commencez à remarquer les mots que vous utilisez cette semaine. Notez l'effet qu'ils ont sur vous et sur les autres.
- Choisissez une situation où votre feed-back pourrait être utile si ce n'était que vous hésitiez à le donner (dire à quelqu'un que le message de son répondeur est trop long, par exemple). Demandez sa permission : « Est-ce que je peux te parler de quelque choses ? » Puis faites bien la distinction : « Il s'agit de feed-back et non d'une critique. »
- Si quelqu'un vous demande de faire quelque chose et que vous décidez de repousser sa requête, pensez que vous la « déclinez » plutôt que vous ne la « refusez ». La chose vous paraîtra plus facile.
- Faites une courte pause aujourd'hui et dites-vous combien il est salutaire de relaxer quelques minutes. Voyez-la comme un repos bien mérité, comme une nécessité pour recharger vos piles. Bannissez le mot « paresse » de votre vocabulaire.

Dr David Posen

Les mots que nous utilisons ont un effet sur la façon dont nous nous sentons. Réduisez votre stress en changeant la façon de vous parler. Vous vous sentirez aussi plus libre d'agir.

L'interruption de la pensée

Comment juguler les pensées inopportunes

Des images du boulot qui s'accumulent sur votre bureau vous trottent dans la tête la nuit. Vous venez juste de vous disputer avec quelqu'un et ne pouvez vous enlever cela de l'esprit. Vous avez des soucis financiers, un enfant malade, un patron qui n'arrête pas de vous faire des remarques ou des souris dans le sous-sol et ne pouvez cesser d'y penser. Peut-être retournez-vous un problème dans votre tête ou ruminez-vous un événement passé. Vous l'analysez dans les menus détails, vous vous faites continuellement du mauvais sang ou vous vous apitoyez même sur votre sort. Comment vous débarrasser de ce vacarme d'enfer dans votre tête ? Il existe une technique d'une simplicité désarmante pour stopper les pensées indésirables – et ça marche vraiment.

N'est-il pas désagréable d'entendre quelqu'un parler interminablement d'un sujet ? À la fin, vous n'en pouvez plus et vous vous dites : « Quand va-t-il s'arrêter ? » C'est un peu ce qui se passe quand votre voix intérieure se fait trop loquace. La technique permettant de combattre ce stressant monologue (dans lequel vous êtes à la fois le parlant et l'écoutant) s'appelle « l'interruption de la pensée ». C'est comme lorsque vous dites à un ami : « On ne peut pas changer de sujet ? » ou même : « Arrête ! », sauf que c'est à vous que s'adresse le message, mais avec un peu plus de mordant.

Voici comment ça fonctionne. D'abord, remarquez quand votre esprit se laisse gagner par des pensées indésirables ou stressantes. Puis hurlez très fort quelque chose de cinglant qui vous secoue les puces et interrompt la conversation stressante. Essayez des choses comme : « Arrête ! » ; « Ça suffit ! » ; « C'est pas fini ! » ; « Relaxe ! ». Prenez une voix énergique qui saura capter votre attention. Bien sûr, il est préférable de faire cela quand on est seul – dans votre voiture, sous la douche ou lorsque vous êtes seul à la maison. Faites-en l'essai pendant quelques jours pour en apprécier tout l'effet. Puis vous baissez graduellement le ton jusqu'à ce que le message soit silencieux. Pour ma part, j'utilise « Ça suffit, David ! » (à voix basse) quand je me surprends à avoir des pensées indésirables. Une autre phrase à la mode aujourd'hui, c'est « Ne touche pas à ça ! » N'importe quelle phrase peut faire l'affaire, du moment qu'elle neutralise l'arrivée des pensées inopportunes.

Un collègue m'a parlé d'une variante de cette méthode. Mettez un élastique autour de votre poignet. Lorsque des pensées inopportunes commencent à envahir votre esprit, faites-le claquer (pas trop fort) au moment où vous dites « Arrête ! » ou « Ça suffit ! » Trois petits conseils ici : assurez-vous que l'élastique ne soit pas trop serré (ce n'est pas d'un garrot dont nous avons besoin) ; faites-le claquer sur le dos de votre poignet, non sur la partie sensible en dessous ; et ne tirez pas l'élastique comme s'il s'agissait d'une fronde – un petit claquement léger suffit.

> Si après avoir utilisé la technique de l'interruption de la pensée, vous vous assoyez tranquillement à ne rien faire, il est probable que les pensées indésirables reviendront.

L'interruption de la pensée ne représente toutefois que la moitié du travail. Si après avoir utilisé la technique de l'interruption de la pensée, vous vous assoyez tranquillement à ne rien faire, il est probable que les pensées indésirables reviendront. Si bien que la deuxième partie de l'exercice consiste à vous distraire. On peut y parvenir par une sorte de « substitution des pensées » qui consiste à penser volontairement à quelque chose d'autre. Par exemple, les activités agréables de la fin de semaine, qui inviter pour dîner ou des idées de cadeau pour un anniversaire de naissance à venir. Ou vous pouvez penser à vos prochaines vacances ou au voyage que vous avez fait l'été précédent.

L'interruption de la pensée et la substitution de pensées sont particulièrement utiles quand vous vous réveillez la nuit en pensant au travail et que vous n'arrivez pas à faire taire la voix intérieure. Si vous ne pouvez retrouver le sommeil, étendez-vous calmement et pensez simplement à des choses agréables et relaxantes. Dans l'un de mes scénarios préférés, je suis sur une île tropicale, étendu sur la plage. Je peux voir très clairement le sable blanc, l'eau bleu turquoise, le soleil brûlant et les palmiers qui ondulent sous l'effet de la brise. C'est une image reposante qui m'aide à retrouver lentement le sommeil.

> «Si vous voulez ne plus penser à vos **problèmes**, essayez des **chaussures** trop **petites**.»
>
> ANONYME

Pour empêcher les pensées indésirables de refaire surface au cours de la journée, occupez-vous en faisant des activités susceptibles de retenir votre attention. Décrochez le téléphone et appelez un copain, lisez un magazine ou votre courrier électronique, allumez la radio ou la télé, regardez par la fenêtre, faites des mots croisés ou concentrez-vous sur quelque chose de stimulant ou de distrayant.

Ce qui est renversant avec l'interruption de la pensée ou la substitution de pensées, c'est que pour aussi simples qu'elles soient, elles sont très efficaces. Des patients m'ont laissé des messages vocaux au fil des ans à la fin desquels ils ajoutaient : « Et à propos, dites à David que l'interruption de la pensée, ça fonctionne vraiment ! » Cela montre à quel point nous pouvons maîtriser notre pensée. Nous pouvons empêcher que des pensées surgissent dans notre tête. Mais nous *pouvons* aussi décider combien de temps nous désirons leur accorder.

Prescriptions

• Commencez à surveiller les pensées inquiétantes et désagréables qui surgissent dans votre esprit et déclenchent une sensation de stress. Remarquez combien de temps vous restez accroché à ces pensées.

• Pratiquez la technique de l'interruption de la pensée, à haute voix, en utilisant les mots que vous aurez choisis, peu importe ce que c'est.

• Puis pensez à autre chose d'agréable et de distrayant.

• Répétez le processus si les pensées stressantes refont surface.

• Baissez graduellement le ton jusqu'à ce que votre phrase ou vos mots, qui doivent capter votre attention, soient inaudibles.

DR DAVID POSEN

La prochaine fois que vous aurez envie de dire « la ferme ! » à quelqu'un, vous serez peut-être surpris de constater que la personne qui vous contrarie est nulle autre que vous ! Et que *vous pouvez* vraiment la faire taire.

Recadrer
le comportement
des autres

Vous n'êtes pas toujours en cause

M on ancien principal de premier cycle à l'école secondaire m'a raconté une histoire à propos d'un garçon qui avait été envoyé à son bureau pour avoir lancé une boule de neige dans un carreau (qui, malheureusement pour le jeune, était fermé). L'élève savait qu'il avait commis un impair, non seulement à cause des dommages mais aussi parce qu'il avait enfreint le règlement de l'école. Le principal lui a demandé de s'asseoir et lui a posé la question suivante : « Alors Pierrot, tu peux me dire ce qui t'a traversé l'esprit quand tu as lancé cette boule de neige ? » Totalement pris au dépourvu (il s'attendait à ce qu'on lui fasse la lecture de l'acte d'accusation), le garçon dut s'expliquer au principal qui l'écoutait, patient et respectueux. Puis celui-ci ajouta : « Merci de m'avoir aidé à comprendre ce qui s'est passé. Est-ce qu'il y a autre chose ? Tout va bien à la maison ? » Et, encore une fois, Pierrot déballa quelques informations pertinentes sur son passé. Le principal poursuivit : « Il est important pour moi de connaître les événements qui ont pu contribuer à l'incident. Maintenant, comme tu sais, une école est une forme de communauté et les communautés sont régies par des règles. Et quand on enfreint les règles, il y a forcément des conséquences. À quel genre de conséquences serait-il juste de penser en pareille circonstance ? » Il trouvait que les élèves proposaient souvent des punitions plus sévères que celle qu'il avait en tête.

La conclusion est que Pierrot a senti qu'on l'écoutait, qu'il pouvait s'expliquer, qu'on le comprenait et qu'il était traité justement. Quant au principal, en gérant les problèmes de discipline de cette façon, il en apprenait davantage sur ce qui poussait ses élèves à se conduire ainsi. Il est beaucoup plus sage d'aborder ainsi l'éducation des enfants que de simplement les réprimander.

Il y a une importante leçon à tirer ici en ce qui concerne la manière de réduire le stress associé à l'interaction avec les autres. En effet, nous réagissons généralement non pas à ce que les gens font, mais à l'interprétation que nous nous faisons de la raison pour laquelle ils l'ont fait. Par exemple, vous arrivez au travail le lundi matin et vous dites « Bonjour ! » à Éric, mais il ne vous salue pas à son tour. Vous vous sentez légèrement offensé ou insulté. Vos sentiments n'ont rien à voir avec le fait qu'Éric ne vous a pas répondu, mais avec ce que vous croyez que cela signifie.

> Nous **réagissons** générale-ment non pas à ce que les gens font, mais à l'**interprétation** que nous nous faisons de la **raison** pour laquelle ils l'ont fait.

Vous vous dites peut-être « Il doit être fâché contre moi » ou « Il ne m'aime pas » ou « Je ne suis pas assez important pour lui ». Vous présumez que son silence exprime un sentiment négatif à votre égard. Une grande partie de notre interaction avec les autres est fondée sur ce genre de jugement et de conversation intérieure.

Il serait bon de considérer d'autres raisons pour lesquelles Éric ne vous a pas répondu. Peut-être ne vous a-t-il pas entendu. Peut-être était-il absorbé dans ses pensées ou des problèmes personnels le tourmentaient-ils. Ou peut-être était-il tout simplement pressé. En supposant que votre interprétation de son comportement soit fondée sur une lecture de la pensée, des hypothèses ou des conjectures, il devient impossible de savoir avec certitude la raison pour laquelle Éric ne vous a pas salué.

> Le **comportement** des gens n'a rien à voir avec vous, il ne **concerne** qu'eux.

Lorsque je discute avec mes patients, il m'arrive souvent de contester leur interprétation et de leur demander de penser à d'autres explications possibles au comportement d'une personne. Un homme s'est rendu à une entrevue d'emploi. Le rendez-vous s'est bien passé et la personne qui faisait passer l'entretien lui a dit qu'elle le rappellerait avant la fin de la semaine. Dix jours plus tard, il n'avait toujours pas de nouvelles de l'emploi. Les messages négatifs occupaient tout son esprit : il n'aurait pas l'emploi, la personne qui l'avait interrogé se fichait totalement de l'état d'incertitude dans lequel il était, la compagnie n'inspirait pas confiance, etc. Je lui ai demandé de me trouver d'autres facteurs pouvant être à l'origine de ce silence de la part de l'employeur. Il m'a sorti plusieurs possibilités : peut-être que le processus de sélection n'était pas aussi précis qu'ils l'espéraient ; peut-être que de nouveaux candidats s'étaient pointés ; une urgence avait peut-être momentanément suspendu la recherche de candidats ; la personne qui prend les décisions était peut-être malade. Au début de la semaine suivante, il reçut un coup de fil l'invitant à passer une autre entrevue. Son interlocuteur s'excusa pour le retard – un problème familial l'avait tenu à l'écart quelques jours. L'homme fut soulagé. Mais durant la stressante période d'attente, notre échange lui a permis de recadrer la situation plutôt que d'imaginer le pire.

« Ce qui est bien quand vous êtes **célèbre**, c'est que, si vous êtes **ennuyeux**, les gens pensent que c'est de leur faute. »
HENRY KISSINGER

Nous concluons souvent trop hâtivement quand nous tentons de découvrir pourquoi les choses se produisent – ou ne se produisent pas – et nous nous faisons du mauvais sang pour rien. Le fait est que, la plupart du temps, le comportement des gens les concerne et n'a rien à voir avec vous. Voilà un important angle de vue qu'il ne faut pas oublier et qui non seulement réduira votre stress, mais qui vous aidera à devenir une personne plus ouverte et plus compréhensive.

Prescriptions

- Pensez à quelques situations à propos desquelles vous avez appris que vous aviez mal jugé les motifs ou les intentions de la personne.
- Cette semaine, commencez à remarquer ce que vous vous dites au sujet du comportement des autres. Écoutez votre voix intérieure. Remarquez si vous critiquez souvent ou si vous percevez le comportement des autres comme une rebuffade ou une allusion désobligeante.
- La prochaine fois que quelqu'un vous froisse ou vous manque d'égards, pensez aux raisons qui ont poussé cette personne à agir ainsi – ou à ne pas agir – et qui n'ont rien à voir avec vous. Demandez-vous ce qui peut se passer dans sa vie qui pourrait expliquer son comportement.
- Commencez à lui poser des questions. Puis écoutez sa perception de la réalité, qui sera différente de la vôtre. Écoutez pour apprendre et non pour juger.
- Remarquez si vos sentiments à son égard ont changé. Vérifiez si vous vous sentez moins stressé en sa présence.

DR DAVID POSEN

Mon principal de premier cycle, à l'école secondaire, Len Chellew, est devenu une véritable légende en matière d'éducation en Ontario, admirée par ses collègues et ses élèves. Je me demande ce qui est arrivé à Pierrot – et s'il lance encore des boules de neige !

Savoir s'y prendre avec les personnes difficiles

Cessez de souhaiter leur départ, elles sont là pour rester!

Au début de mon internat, j'ai connu un médecin qui provoquait chez moi beaucoup de stress. Je le trouvais arrogant, suffisant et imbu de lui-même. Il nous traitait aussi avec condescendance et agissait tel un patron. Je trouvais déjà pénible de le rencontrer par hasard, ce fut le bouquet quand j'ai appris que nous allions travailler ensemble pendant deux mois. Je ne voyais pas comment j'allais me sortir de cette épreuve.

Dès le début de notre coopération, il m'a semblé moins caustique que je pensais. Puis quelque chose de renversant s'est produit. Il m'a demandé de travailler avec lui à un cas complexe et je me suis senti flatté de sa requête. Durant les quelques heures que nous avons travaillé ensemble, je me suis surpris à me détendre et à faire quelques blagues. Il a réagi favorablement. À la fin de la journée, nous avions brisé la glace. Ce fut certes un point tournant, mais le meilleur était à venir.

Au fur et à mesure que j'apprenais à le connaître, plus sa compagnie m'était agréable. Mais le plus important est que je me suis aperçu qu'il n'était pas arrogant ou suffisant du tout. En fait, c'était un timide à la voix douce. Ce que j'avais pris pour de l'arrogance était sa façon de combattre son malaise social. Son comportement et ses manies n'ont pas changé, mais ma façon de les percevoir, elle, a changé complètement. Il fut bientôt au nombre des personnes que j'aimais le plus fréquenter et nous sommes devenus de vrais amis. Cette expérience m'a montré combien il est facile de mal interpréter les autres, de réagir non pas à ce qu'ils sont mais à notre interprétation de ce qu'ils sont et au jugement que nous portons sur eux.

Voici quelques stratégies qui vous aideront à aborder les personnes difficiles :

Connaître la personne

Apprenez d'où elle vient et comment elle
fonctionne. L'expérience que j'ai vécue
avec l'autre médecin m'a enseigné que
plus vous connaissez une personne, plus
vous la comprenez. Souvent, son compor-
tement devient moins irritant et contrariant. Même si vous ne
finissez pas par l'aimer, apprendre à la connaître peut réduire la
sensation de stress.

> Même si vous ne finissez pas par l'aimer, apprendre à connaître la personne peut réduire la sensation de stress.

Éviter la personne

Une façon de s'en tirer avec les gens stressants c'est bien sûr de
s'en tenir loin. Et quand on peut le faire, ça fonctionne généralement. Cependant, il n'est pas toujours possible d'éviter les
gens, surtout si vous travaillez ou si vous vivez avec eux. Vous
pourriez trouver stressant d'avoir à regarder par-dessus votre
épaule s'ils ne sont pas dans les parages. Et d'ailleurs, ce n'est
pas en esquivant le problème que vous apprendrez comment
vous y prendre avec eux. La fuite ne vous sera guère utile pour
mettre au point des stratégies pour vous en sortir. Au bout du
compte, vous seriez, en fait, doublement stressé lorsque vous
rencontreriez la personne pour vrai.

C'est une leçon que j'ai apprise il y a des années quand j'ai ren-
contré par hasard un individu que j'ignorais délibérément et
obstinément. Il était renfrogné, caustique et généralement dé-
plaisant, et je ne voulais rien savoir de lui. Un jour, en marchant,
je l'ai vu devant moi, nous étions seuls. Changer de direction eût
été trop révélateur, alors j'ai décidé de continuer de marcher en
sa direction bien déterminé à ne pas croiser ses yeux. J'allais lui
montrer quel pauvre type je pensais qu'il était. Eh bien, devinez
qui était de plus en plus stressé à mesure que nous nous rap-
prochions l'un de l'autre ? Au moment de passer près de lui, j'ai

constaté avec consternation (et, pour être franc, un certain amusement) combien ma stratégie était inefficace. J'étais plus stressé quand il m'était impossible de l'éviter. J'ai constaté après coup qu'éviter ce type n'était pas la solution.

Apaiser la personne

Donnez à l'autre personne ce qu'elle veut pour éviter un conflit. C'est ce qu'on appelle la « ligne de moindre résistance », souvent employée par ceux qui se plient à la volonté des autres. Une de mes patientes a utilisé cette approche avec un ami agressif, prétendant que donner à l'autre ce qu'il désire est plus facile. Mais elle s'est rendu compte qu'apaiser la personne ne facilitait pas vraiment les choses, puisque cela ne faisait que perpétuer son stress et donner à son ami la permission tacite de continuer à la dominer et à contrôler son existence. Apaiser la personne peut parfois se révéler nécessaire (pour éviter une scène par exemple), mais, utilisée en permanence, cette stratégie n'est pas très efficace. Elle vous donne constamment l'impression d'être impuissant et de jouer le rôle de la victime.

Accepter la personne

Acceptez-la comme elle est. Vous n'avez pas besoin de l'aimer. Ne faites que reconnaître ses traits distinctifs sans y accorder plus d'importance, plutôt que la juger et réagir en conséquence.

Faire des compromis

Passez un peu de temps avec la personne pour vous trouver des intérêts et des horizons communs et construire des rapports. Ce peut vous sembler long, mais qui sait ce qui en résultera ?

Prescriptions

- Identifiez les personnes difficiles que vous connaissez et les traits qui vous dérangent chez elles.
- Dressez la liste des stratégies que vous avez essayées jusqu'à maintenant pour remédier à la situation. Ont-elles fonctionné ?
- Envisagez d'autres options. Tâchez d'en apprendre davantage sur elles. Parlez à des personnes qui les connaissent et essayez de comprendre comment elles fonctionnent.
- Prenez un moment pour observer uniquement leur comportement. Soyez objectif dans vos observations.
- Essayez d'entamer une conversation avec elles au sujet de choses qui les intéressent et voyez si elles sont moins distantes.

DR DAVID POSEN

Nous avons tous déjà connu quelqu'un que nous détestions qui est devenu un bon ami. J'ai même déjà connu des cas où deux personnes qui se détestaient à leur première rencontre ont fini par se marier !

Cesser de donner le pouvoir aux autres

On peut repousser les gens en employant la méthode douce

Une de mes patientes avait des problèmes avec son mari. S'il savait être charmant à l'occasion et n'usait jamais de violence physique, il avait la vilaine manie de l'agresser verbalement de temps en temps, souvent alors qu'elle ne s'y attendait pas du tout. Il se lançait alors dans une longue diatribe qui la faisait se sentir toute petite et sans ressource. Ces attaques ébranlaient à la fois son estime de soi et ses sentiments pour lui. Je sentais que ce n'était pas un mauvais bougre au fond et qu'il ne se rendait sans doute pas compte du mal qu'il lui faisait à elle et à leur relation.

Un jour je lui ai fait une suggestion : « La prochaine fois qu'il vous fera le coup, écoutez-le aussi calmement que possible jusqu'à ce qu'il ait terminé et dites-lui "Merci de bien vouloir me faire partager cela" et retournez vaquer à vos occupations. » Elle éclata de rire et n'eut qu'une idée en tête : essayer ce truc au plus vite. À la consultation suivante, elle m'a fait part de ce qui s'était passé. Son mari s'est monté et y est allé de ses remontrances. Elle l'a écouté sans broncher. Puis elle lui a livré son message tout simple avec dignité et sans l'ombre d'un sarcasme. Il a montré des signes de confusion, d'embarras et son ego en a pris un coup. Au cours des deux ou trois semaines qui ont suivi, il fut doux comme un agneau, agréable, calme et respectueux.

> Lorsque vous **reprendrez** votre vie en main après l'avoir soustraite à l'emprise des autres, visez l'**autonomie** et l'**autodétermination** et non la domination de ces mêmes personnes.

Mais il a bientôt repris ses bonnes habitudes et a recommencé à se monter dans le but de lui en refaire voir de toutes les couleurs. Cette fois, elle avait prévu le coup. Forte du succès obtenu lors du premier affrontement, elle a lui lancé quelque chose qui ne lui ressemblait pas du tout : « Si tu as l'intention de me piquer une crise, je vais m'asseoir ici et regarder le spectacle. Je veux rester en dehors de ça ! » Elle a donc tiré une chaise vers elle, s'y est assise avec cérémonie et a pris ses aises. Ensuite, elle a levé les yeux et a dit : « D'accord, je suis prête ! » Il est resté là un moment, dérouté, a marmonné quelque chose et s'en est allé. Puis il s'est montré, encore une fois, aimable à son égard.

Cette femme s'est finalement rendu compte qu'elle n'avait pas à tolérer son comportement. Elle lui avait tacitement donné la permission de la violenter verbalement en ne s'objectant pas. Elle avait maintenant trouvé un moyen de briser le cycle. Encore mieux, elle a pu le faire sans provoquer de violence.

Certaines personnes utilisent la violence verbale comme stratégie pour avoir la maîtrise d'une situation ou dominer les gens. Lorsque j'encourage mes patients à cesser de tolérer les comportements violents pour reprendre possession du pouvoir qu'ils ont abandonné aux autres, je ne leur suggère pas de prendre les commandes (un renversement des rôles que la plupart des gens auraient peur d'essayer), mais de cesser de participer à la dynamique agresseur-victime. Je me sers souvent de l'image du *Popsicle* pour montrer où je veux en venir. Dans une relation inégale, c'est comme si l'abuseur avait tout le « Popsicle ». Le message que vous voulez passer n'est pas « *je* désire le *Popsicle* en entier », mais « je ne veux pas *ta* moitié, *la mienne* me suffit. » En d'autres termes, « partageons le *Popsicle.* » Il s'ensuit une relation plus équilibrée.

Il existe deux types de domination : la domination des autres (que j'appelle « pouvoir ») et la domination de soi (que j'appelle « autonomie ») :

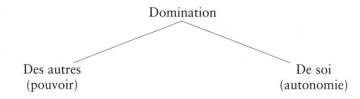

Domination

Des autres
(pouvoir)

De soi
(autonomie)

> «On ne se bat pas pour gagner mais pour **détendre** l'atmosphère et trouver une **solution**; pour mieux comprendre et partager des **sentiments**.»
>
> ANONYME

Lorsque vous reprendrez votre vie en main après l'avoir soustraite à l'emprise des autres, visez l'autonomie et l'autodétermination et non la domination de ces mêmes personnes.

Les agresseurs ne sont pas si forts qu'on le croit. Ils semblent confiants et imposants, alors nous présumons qu'ils ont une haute estime d'eux-mêmes. Or, c'est généralement le contraire. L'expérience que j'en ai est que la plupart des agresseurs sont des anxieux. Ils essaient de s'élever en rabaissant les autres. Quelque fanfarons ou puissants qu'ils donnent l'impression d'être, ils se sentent généralement tout petits et effrayés à l'intérieur, tout comme le Magicien d'Oz – un petit homme avec un puissant microphone caché derrière un rideau.

Il n'y a pas qu'aux agresseurs que nous donnons le pouvoir, nous passons aussi les commandes aux gens qui ont une forte personnalité ou aux dominants de nature. Nous leur cédons la place dans les réunions, les laissons monopoliser la conversation ou prendre toutes nos décisions. Avant de céder le pouvoir aux personnes intimidantes, rappelez-vous qu'elles ne sont pas aussi fortes et puissantes qu'elles le prétendent. Et dès que vous reprendrez du poil de la bête, vous verrez comme elles cesseront rapidement leurs tentatives d'intimidation.

Une bonne façon de s'y prendre avec les personnes difficiles, c'est de s'affirmer en toute franchise. Dites ce que vous pensez sans les attaquer. S'affirmer en toute franchise, c'est:

- employer le pronom «je» («je trouve offensant que vous me disiez ces choses-là»; «vous me vexez quand vous élevez la voix» ou même «je ne vous donne pas la permission de me traiter de cette façon»);

- leur dire ce que vous voulez («je vous serais reconnaissant si vous me le disiez de cette façon» ou «baissez le ton s'il vous plaît»);

- leur dire ce qu'elles y gagneront («nous pourrons mieux travailler ensemble» ou «je comprendrai mieux ce que vous attendez de moi»).

Il peut arriver que les agresseurs placent plus haut la barre et intensifient les agressions. Mais la plupart du temps, ils se dégonflent quand leur victime leur tient tête.

> **Prescriptions**
> - Identifiez une personne difficile ou verbalement violente que vous connaissez (son agression peut être non déguisée ou subtile).
> - Trouvez de quel type d'agression il s'agit (critiques, insultes, cris, réprimandes devant les autres, et ainsi de suite). Assistez-vous à un cycle de violence?
> - Prévoyez ce que vous allez dire pour l'amener à changer son comportement. Prenez des notes.
> - Décidez quel est le meilleur moment pour parler à cette personne. La prochaine fois qu'elle vous offensera ou, en prenant les devants, avant qu'elle ne laisse libre cours à son comportement. Répétez mentalement ce que vous allez dire avec détermination et franchise.
> - Si le cycle de violence persiste ou s'intensifie, demandez l'aide d'une troisième personne ou d'un professionnel.
>
> DR DAVID POSEN

Détendre l'atmosphère peut avoir un effet bienfaisant étonnant dans une relation et particulièrement sur votre estime de soi. La femme qui s'est tenue debout devant son mari n'avait jamais gardé la tête haute à ce point.

De saines habitudes ?
À vous de choisir !

Souciez-vous davantage des choix que vous faites

Je commence par une prémisse: la plupart de nos comportements et de nos activités visent à réduire le stress. Avant de prétendre que je suis naïf ou que je vois tout par la lorgnette du stress, laissez-moi vous expliquer. Que se passe-t-il lorsque nous éprouvons du stress ou que nous sommes contrariés ? Il y en a qui se jettent sur leur gâterie préférée ou allument une cigarette. Certains me disent que la première chose qu'ils font en arrivant à la maison le soir est de se verser un verre bien tassé pour décompresser. D'autres se retirent et s'isolent. D'autres encore vident leur sac en entrant, racontant en long et en large la frustrante journée qu'ils viennent d'avoir. Certains sortent faire du jogging, travailler dans le jardin, ou font du yoga pour libérer l'accumulation de tension. Puis il y a ceux qui glandent devant le téléviseur tous les soirs. Tous ces comportements (et la présente liste n'est que partielle) sont des façons pour les gens de combattre le stress. Et si certains sont plus sains et plus constructifs que les autres, tous fonctionnent jusqu'à un certain point, sinon personne ne continuerait de les avoir.

> Presque tout ce que nous faisons peut être considéré comme une **stratégie** d'**adaptation**, consciente ou inconsciente.

Mais allons plus loin. Pourquoi les gens partent-ils tôt pour se rendre à un rendez-vous si ce n'est pour éviter le stress qu'engendre l'obligation de se presser ou le fait d'être en retard, ou les deux ? Les accès de colère sont des façons d'évacuer la frustration. Pleurer ou rire sont aussi des moyens de libérer la tension. Pour beaucoup de gens, se faire du mauvais sang est une stratégie subconsciente visant à faire face aux situations difficiles. En fait, certaines personnes se servent de l'inquiétude comme d'une stratégie consciente pour éviter les ennuis : « Si je me fais du souci à propos de cette chose, elle ne se produira pas. » Les gens utilisent la procrastination et remettent à plus tard les activités ou les situations désagréables. Presque tout ce que nous faisons peut être considéré comme une stratégie visant à combattre le stress, consciente ou inconsciente.

Si cette hypothèse est vraie, alors nous devrions nous poser deux questions :

- Nos stratégies fonctionnent-elles ?
- Posent-elles d'autres problèmes ?

Comparons les stratégies malsaines aux stratégies saines :

Malsaines	Saines
Fumer	Faire de l'exercice
Boire de l'alcool	Se relaxer
Manger exagérément	Manger sainement
Faire usage de drogue	Avoir des activités de loisir et de sport
Se retirer	S'affirmer en toute franchise
S'abandonner à l'apitoiement	Faire des pauses
Se confondre en reproches	Faire usage d'humour

Le stress est l'une des principales causes de mauvaise santé dans notre société. Mais, comme si ce n'était pas suffisant, beaucoup de nos stratégies pour combattre le stress sont elles-mêmes malsaines. Nous sommes doublement malchanceux. En adoptant des stratégies constructives plutôt que destructrices, nous gagnons sur deux fronts : 1) elles sont plus efficaces pour réduire le stress ; et 2) elles améliorent notre santé.

Si nous associons nos mauvaises habitudes à un mode de vie autodestructeur et que ces dernières constituent de piètres tentatives pour réduire le stress, alors nous pouvons commencer à chercher de

> Avoir de **saines habitudes** de vie n'est peut-être pas très intéressant ou excitant, mais c'est drôlement **payant!**

meilleures stratégies qui soient à la fois efficaces pour réduire ce stress et plus saines pour nous en général.

Alors la prochaine fois que vous prendrez un verre de vin pour relaxer en société ou que vous boufferez gloutonnement des *chips* pour réduire votre anxiété, arrêtez-vous et pensez que vous êtes, en fait, en train de combattre le stress. Puis pensez à des solutions de rechange pour le réduire sans les effets négatifs.

Prescriptions

• Au cours de la semaine qui vient, observez votre comportement et continuez de vous demander : « Pourquoi est-ce que je fais cela ? » Prenez conscience que beaucoup de vos habitudes sont destinées à réduire le stress d'une façon ou d'une autre.
• Dressez une liste de vos stratégies pour combattre le stress. À côté de chacune d'elles, indiquez si elles sont saines ou malsaines.
• Faites une autre liste pour vos stratégies saines et positives seulement. Puis demandez-vous quelles autres stratégies constructives visant à réduire le stress vous pouvez essayez. Demandez à vos amis de vous aider à en trouver et ajoutez-les à votre liste de « stratégies saines ».
• Prévoyez comment et quand (dans quelles circonstances) vous pourrez le mieux utiliser ces stratégies.
• La prochaine fois que vous serez contrarié, consultez votre liste et choisissez consciemment une activité plus saine pour réduire votre stress.

DR DAVID POSEN

Il y a trente ans que j'observe des gens (et je fais partie du nombre) prendre des habitudes de vie. Quand j'ai commencé à comprendre que ces habitudes (pour la plupart subconscientes) étaient des stratégies pour réduire le stress, mon point de vue sur la façon dont nous vivons nos vies a changé du tout au tout. Cela me rappelle encore une fois que nous avons beaucoup plus de maîtrise que nous le pensons. Il nous faut simplement être un peu plus attentifs lorsque nous l'utilisons.

Comment j'ai appris à méditer

Une odyssée personnelle

J e passe aux aveux. Lorsque j'ai commencé mes consultations en gestion de stress, en 1981, je pensais que les techniques de relaxation étaient bizarres. J'avais entendu dire qu'elles étaient efficaces mais elles me semblaient marginales. Ce n'était pas vraiment mon genre. Voici comment je suis passé de sceptique à adepte, une véritable odyssée.

Quand j'ai décidé, en 1985, de m'occuper de gestion de stress à plein temps, je me suis aperçu que je devais en apprendre davantage sur les techniques de relaxation. Je me suis alors inscrit à un cours de Mme Eli Bay, que j'avais rencontrée lors d'une conférence. Mon épouse était aussi intéressée, de sorte que nous sommes allés ensemble.

Vingt personnes assistaient au cours. J'ai pleinement participé aux séances et j'ai fait fidèlement mes exercices. Mais je ne sentais pas vraiment que je faisais partie du groupe. Pour être franc, je me sentais un peu supérieur. Ma voix intérieure disait : « Je suis ici par simple curiosité et non parce que *j'ai vraiment besoin* de ce truc ! » Cependant, à la troisième séance, j'ai remarqué quelque chose d'intéressant : je ne serrais plus les mâchoires ni ne grinçais des dents. Puis tout d'un coup, ça m'a frappé : « Réveille, petit malin, c'est aussi bon pour toi. » Ce changement d'attitude m'a permis de m'engager pleinement dans le processus. J'ai terminé le cours avec en poche un nombre considérables de techniques de relaxation dont beaucoup me sont encore utiles aujourd'hui.

Retournons en 1996. À cette époque, j'adhérais déjà pleinement aux principes de relaxation et j'avais d'ailleurs suggéré à de nombreux patient d'aller suivre le cours. Un jour donc, un jeune

> « Quand une chose vous fait autant de bien, vous trouvez le temps. »

homme que j'avais comme patient m'a dit qu'il s'était inscrit à un cours de méditation transcendantale. Quelques semaines plus tard, il méditait vingt minutes deux fois par jour. Je lui ai demandé comment il arrivait à trouver le temps pour le faire. Il m'a répondu : « Quand une chose vous fait autant de bien, vous *trouvez* le temps. » Il a vraiment piqué ma curiosité. Je suis allé vérifier moi-même.

Mon épouse a suivi le cours d'introduction avec moi. Ils nous ont présenté une vidéo dont la vedette était nulle autre que le Maharishi Mahesh Yogi, de mêmes que des séquences montrant plusieurs chefs de direction très importants et des célébrités s'adonnant à la méditation.

Joe Namath, la légende du football, figurait parmi elles. Il avait l'habitude de méditer dans un coin du vestiaire avant chaque partie. Je me suis dit : « Si c'est bon pour Broadway Joe, le champion, j'en suis ! » Nous nous sommes inscrits au cours. Il se terminait un jeudi, et le lendemain nous prenions l'avion pour les Bahamas et vive les vacances !

Nous sommes arrivés à Nassau en soirée, avons rempli une fiche d'hôtel et sommes allés nous coucher. Le lendemain matin, j'ai jeté un coup d'œil dehors, la vue était extraordinaire, et je me suis préparé en vue du petit déjeuner. Susan, mon épouse, m'a fait remarqué que nous devions d'abord méditer (le cours recommandait de méditer vingt minutes au lever et une autre fois dans l'après-midi). J'ai dit : « Attendons d'être de retour à la maison, la journée est magnifique. » Mais elle s'est faite insistante, heureusement. Nous avons retardé notre petit déjeuner pour méditer.

Nous avons passé l'après-midi à nous baigner, à nous prélasser sur la plage, à lire et à profiter du soleil. À quatre heures environ, Susan m'a dit : « Il faut que nous allions méditer une autre fois. » Il n'était pas question que je m'enferme à l'intérieur par une journée pareille, de sorte que j'ai résisté. Nous avons donc convenu de méditer sur la plage. Or, cet endroit était débordant d'activité, il y avait des tas de gens, de la musique, du bavardage, des vendeurs locaux offrant toutes sortes de choses : t-shirts, nattage, tour en parapente. Là, au milieu de tout ce bruit, nous nous sommes assis sur notre chaise et avons médité. Et mis à part le tapage extérieur, le décor était idyllique.

Nous avons continué de méditer le reste de la semaine et nous sommes rentrés à la maison. En quelques semaines, je commençais déjà à percevoir les bienfaits. Je me sentais plus calme et relax. L'activité elle-même ne demandait pas d'effort et était agréable. C'était une excellente façon de commencer la semaine et ça donnait l'occasion de faire une merveilleuse pause dans l'après-midi. J'étais gagné et je médite toujours périodiquement. Je médite en silence à la maison et au bureau, mais aussi dans le train ou en avion, dans le fauteuil du dentiste, enfin n'importe où ou presque.

> De **sceptique**, je suis passé à défenseur, puis à mordu de la **relaxation** et de la **méditation**.

Surprise ! En prime, j'ai souvent de bonnes idées lorsque je médite. C'est un véritable supplice d'avoir à attendre pour les écrire, mais je m'en souviens généralement quand la séance est terminée.

De sceptique, je suis passé à partisan, puis à mordu de la relaxation et de la méditation. Ce sont des techniques que j'aurais aimé connaître beaucoup plus tôt. Je suis néanmoins certain que je les pratiquerai toute ma vie durant.

Techniques
de relaxation

Elles sont agréables et donnent des résultats!

Le corps humain est admirablement bien conçu et équilibré. Tout comme il a la capacité de déclencher une réaction de stress lorsqu'il se sent menacé, il est aussi doté d'un état physiologique de totale relaxation inhérent au système nerveux. Le docteur Herbert Bensen de l'Université Harvard appelle cela la « réponse de relaxation ». Ce n'est pas seulement un état dans lequel il est agréable de se trouver, c'est aussi un puissant antidote naturel à la réaction de stress permettant au corps de se remettre d'un état de stress prolongé et de renverser ses effets.

La réponse de relaxation est l'image négative du « réflexe de lutte ou de fuite ». Lorsque nous nous sentons menacés, notre fréquence cardiaque augmente, notre tension artérielle s'élève, notre respiration s'accélère, nos muscles se tendent et ainsi de suite. Lorsque nous sommes en état de relaxation, notre fréquence cardiaque ralentit, notre tension artérielle diminue, notre respiration se fait plus lente et plus profonde, et nos muscles se détendent. À l'inverse de la réaction de stress cependant, qui est involontaire et se déclenche automatiquement, la réponse de relaxation doit être provoquée volontairement et intentionnellement. Cela signifie que nous devons décider de nous relaxer pour que la réponse se produise. Par bonheur, il y a de nombreuses façons de le faire et qui sont faciles à apprendre : la méditation, le yoga, l'auto-hypnose, la visualisation et bien d'autres.

Dans la réponse de relaxation, le corps est complètement détendu, mais contairement à l'état de sommeil, l'esprit est vif et conscient. L'objectif est de « calmer l'esprit », de ralentir le flot de pensées et l'anxiété, et de simplement *exister* dans un état de relaxation. Pour empêcher que des pensées viennent vous distraire, vous pouvez vous concentrer sur un mantra, sur votre respiration ou sur des images répétitives reposantes.

Si l'on peut apprendre les techniques de relaxation dans les livres ou avec des bandes magnétiques, je crois que la meilleure façon est de s'inscrire à un cours. Les cours sont structurés, axés sur la pratique qui exigent une participation personnelle active, et offrent du soutien en cas de problèmes d'autodiscipline. Je recommande aux couples de le suivre ensemble, pour que les conjoints se sentent davantage concernés et s'encouragent mutuellement.

> « Lorsque vous **respirez** comme si vous étiez **détendu**, vous devenez détendu. »

Relaxation par la respiration (profonde ou abdominale)

C'est probablement le plus simple des exercices de relaxation car il est centré sur une fonction naturelle du corps. On peut ne faire que celui-là ou le joindre à d'autres techniques. Il tire son nom du fait que nous respirons différemment selon que nous sommes stressés ou détendus. Sous l'effet du stress, la cage thoracique augmente de volume, les épaules se soulèvent et la respiration s'accélère pour nous remplir rapidement les poumons d'air. On lui donne souvent le nom de « respiration militaire » (comme dans : torse bombé, estomac bien rentré, ayez l'air intelligent !). Au cours de la relaxation, l'abdomen augmente de volume à chaque respiration. C'est ainsi que nous respirions quand nous étions enfants et ainsi que nous le faisons toujours lorsque nous dormons. Et comme l'a fait remarquer Eli Bay, à Toronto, en parlant de la réponse de relaxation : « Lorsque vous respirez comme si vous étiez détendu, vous devenez détendu. »

> « J'ai essayé de me **détendre**, mais curieusement, il me semble que je suis plus à l'aise **tendu**. »
> ANONYME

Voici comment faire :

- Inspirez par le nez et expirez par le nez ou la bouche (légèrement ouverte).

- Respirez du ventre. Sentez votre ventre se soulever lorsque vous inspirez et diminuer de volume lorsque vous expirez.

- Respirez lentement, sinon vous ferez de l'hyperventilation.

- Commencez par expirer pour vider vos poumons, pour ensuite inspirer votre première respiration profonde.

- Concentrez-vous sur votre respiration et observez-la s'effectuer (c'est une forme d'auto-hypnose).

- Si vous avez de la difficulté, placez une main sur votre ventre et l'autre sur votre poitrine. Tout en continuant de respirer, concentrez-vous sur le mouvement de la main placée sur le ventre et sur l'immobilité de l'autre main placée sur la poitrine.

Technique de Jacobson (autorelaxation progressive)

L'autorelaxation progressive a d'abord été décrite par Edmund Jacobson, un médecin de Chicago. Dans son livre, publié en 1929 et intitulé *Progressive relaxation*, il décrit une technique de relaxation complète des muscles qui neutralise la tension musculaire qu'entraîne la réaction de stress. Pour avoir accès à la réponse de relaxation, il faut se concentrer sur divers groupes de muscles et les laisser consciemment se détendre.

Voici comment ça fonctionne :

- Commencez par vos orteils et montez lentement en prenant conscience de ce que vous faites.

- Concentrez votre attention sur les muscles de vos orteils et détendez-les.

- Puis, concentrez-vous sur les muscles de vos pieds et détendez-les.

- Passez aux chevilles, puis aux muscles antérieurs de la jambe, au mollet, au genou et ainsi de suite jusqu'à ce que vous ayez épuisé tous les groupes de muscles du corps.

- Tandis que vous relâchez la tension dans chacun des groupes de muscles, continuez d'être conscient des muscles déjà en état de relaxation, pour que vous puissiez sentir l'onde de relaxation monter dans votre corps.

Prescriptions

- Trouvez un coin tranquille et confortable. Vous pouvez vous asseoir ou vous étendre.
- Desserrez vos vêtements, retirez vos chaussures et vos lunettes et mettez-vous parfaitement à l'aise.
- Fermez les yeux.
- Pratiquez la relaxation par la respiration pendant cinq minutes au début, puis augmentez lentement à quinze ou à vingt minutes sur une semaine.
- Une fois à l'aise avec la relaxation par la respiration, essayez l'autorelaxation progressive un jour sur deux.
- Pour en tirer le maximum de bienfait, il faut pratiquer la relaxation périodiquement (idéalement tous les jours).
- Vous pouvez aussi vous servir de ces techniques au besoin (avant une entrevue d'emploi ou un exposé), sans avoir à y mettre beaucoup de temps, trois à cinq minutes suffiront.

Dr David Posen

Les techniques de relaxation sont sans danger, peuvent être employées partout et n'engendrent pas d'effets négatifs. Elles sont faciles à apprendre et agréables à utiliser, et il existe une multitude de techniques différentes. Et ce qui est encore mieux, elles donnent des résultats !

Exutoires pour la frustration

Solutions pour ne plus bondir hors de son corps

Dans les années qui ont marqué la fin de mon adolescence, on m'a offert un job dans un camp de vacances situé à environ 500 kilomètres au nord de Toronto. Je m'y suis rendu en voiture avec un camarade conseiller et, après une première journée épuisante, nous nous sommes finalement arrêtés pour passer la nuit dans un motel. Il était deux heures du matin lorsque nous nous sommes inscrits pour ensuite gagner notre chambre. Une minute plus tard, j'ai vu mon copain qui traversait le stationnement en direction de la réception.

- Où t'en vas-tu ? lui ai-je demandé.

- Je reviens tout de suite, Dave.

- Où vas-tu ?

- Donner un coup de fil.

- À qui vas-tu téléphoner à une heure pareille ?

- À ma mère, m'avoua-t-il en hésitant.

- Pourquoi faire ?

- Pour lui dire où nous sommes.

- Tu vas la réveiller juste pour lui dire où tu es ?

- Elle ne dort pas.

- Qu'est-ce que t'en sais ?

- Elle ne dormira pas tant que je ne lui aurai pas donné de nouvelles.

- Sans blague !

- Elle est encore debout, crois-moi !

- À faire quoi ?

- Probablement la lessive. Quand elle est inquiète ou contrariée, elle reste debout une partie de la nuit à repasser ou à laver le plancher.

Avançons d'une trentaine d'années. Quand j'étais extrêmement contrarié, je pouvais passer des heures à mettre de l'ordre dans le sous-sol ou une soirée entière à nettoyer à fond le garage. Je faisais comme la mère de mon copain : je me débarrassais de l'excès d'énergie qu'engendrait le stress. Lorsque nous sommes stressés, notre corps est tendu comme un ressort à boudin.

> Nous avons besoins de **canaux** pour **évacuer** notre **nervosité** et nos émotions.

Il est difficile de s'asseoir, encore plus de se détendre ou d'aller dormir. Mon épouse dit que c'est comme si « je voulais bondir hors de mon corps » dans ces moments-là.

C'est en de pareilles circonstances que nous avons besoin de canaux pour évacuer notre nervosité et nos émotions. Le docteur Robert Sapolsky, de l'Université de Stanford, dit qu'il s'agit d'« exutoires pour la frustration ». La plupart d'entre nous trouvons quelque chose de physique et de mentalement distrayant à faire. Lorsque les gens commencent à marcher nerveusement de long en large dans la pièce, à remuer des papiers ou à remettre de l'ordre dans leur tiroir à chaussettes, ils ne font bien souvent que se tenir occupés pour évacuer le haut niveau d'énergie engendrée par le stress.

Voici quelques exutoires constructifs pour la frustration :

> J'ai joué du **trombone** pendant neuf ans dans notre orchestre local. Peu importe combien stressé j'étais au **retour du travail**, une demi-heure plus tard, j'étais complètement **détendu**.

- **L'activité physique** : ratisser les feuilles, pelleter de la neige, faire du jardinage ou nettoyer à fond le sous-sol, le garage, les armoires de cuisine ou les garde-robes donneront des résultats. Frapper sur son oreiller ou sur un punching-ball (tous les foyers devraient en avoir un), ou frapper des balles de golf sont autant de façon de faire physiquement baisser la tension.

Si vous choisissez de fendre des bûches, vous ferez quelque chose d'utile tout en éliminant votre stress.

- **Exercices ou sports :** faire une marche rapide, du jogging ou une randonnée à bicyclette ; une partie de squash, de tennis, des exercices d'aérobic ou de musculation – ou même danser – peuvent vous aider à vous relaxer.

- **La relaxation :** il peut être difficile de vous asseoir et de vous détendre quand vous vous sentez tendu, mais ça marche parfois. Regarder la télévision ou feuilleter un magazine peut inciter à la relaxation. La relaxation par la respiration et la méditation aide à neutraliser la réaction de stress et a un effet calmant.

- **Le massage :** le massage est une excellente façon de se débarrasser de la tension musculaire même si c'est quelqu'un d'autre qui fait tout le travail (bien qu'il ne soit pas toujours possible d'y avoir recours très rapidement).

- **Exprimer sa frustration :** parler à une autre personne est très utile. Trouvez quelqu'un qui sait écouter. Simplement déballer ce que l'on a sur le cœur peut être à la fois calmant et bienfaisant. Katharine Hepburn avait une autre façon d'exprimer sa frustration : j'ai entendu dire qu'elle avait l'habitude de faire un tour à la campagne dans sa voiture, de baisser la vitre et de crier pendant un moment pour tout faire sortir. Puis elle levait la vitre et rentrait calmement à la maison.

- **L'humour :** le rire est une excellente façon de libérer la tension. Jouer avec les enfants ou bavarder et faire des blagues avec les copains peut être reconstituant. Les magazines ou les livres humoristiques, les bandes dessinées, les comédies de situation à la télé et les comédies dramatiques sont très efficaces contre le stress.

- **Divertissements et distractions :** faire des mots croisés, des patiences, travailler le bois, faire de la couture, tricoter ou tout autre passe-temps vous occupent l'esprit et canalisent votre énergie.

- **La musique**: quand j'étais à l'université, je passais des heures et des heures à jouer du piano ou de la guitare pour évacuer mon stress (et pour me changer des études). Écouter de la musique est une autre façon d'évacuer le trop plein. Parfois, le rock donne de bons résultats; parfois c'est la musique classique qui produit un effet apaisant.

- **La prière**: pour de nombreuses personnes, lire des textes religieux ou s'adonner à leurs habitudes religieuses peut être extrêmement bienfaisant.

Prescriptions

- Pensez à vos propres expériences. Quel exutoire s'est avéré le plus utile pour la frustration? Lesquels vous attirent le plus?
- Essayez un nouvel exutoire cette semaine lorsque vous sentirez la tension monter, tiré soit de votre propre liste soit de celles ci-dessus.
- Continuez l'intervention jusqu'à ce que vous vous sentiez assez calme pour reprendre l'activité que vous aviez laissée.
- Au cours des deux ou trois prochaines semaines, essayez de nouvelles façons de réduire votre stress. Élargissez votre répertoire.

Dr David Posen

Il n'arrive pas souvent qu'on passe la nuit debout pour se débarrasser du stress, mais si ce devait être le cas, dites-vous bien que vous allez faire une sacrée lessive cette nuit-là !

Combattre la colère

Se mettre en colère est normal; le demeurer est un choix

Samedi matin. Un dirigeant très occupé attend d'importants documents qui doivent lui être livrés par un service de messageries. Il est censé les recevoir avant midi. Peu de temps après l'heure fatidique, il apprend que le paquet ne pourra être livré avant lundi. Il avait réservé ce temps pour travailler à un projet dont les délais étaient courts. Il n'est pas du tout heureux de la tournure des événements.

Cette histoire n'a rien à voir avec le travail la fin de semaine ou le manque de fiabilité des services de messageries, c'est ce qui se passe ensuite qui nous intéresse. L'homme (qui avoue avoir du mal à se contrôler) se met en colère. Très en colère. En colère au point de lancer des choses (rien qui puisse se briser toutefois et rien à personne non plus). Il demeure hors de lui pendant deux heures.

Cette histoire démontre trois choses :

- Que la colère est normale et le lot de tous.

- Que la colère concerne le comportement et que nous pouvons choisir la façon de l'exprimer.

- Que nous pouvons choisir combien de temps nous voulons être en colère.

> **Nous pouvons nous entraîner à tolérer la frustration et l'irritation sans nous mettre en colère.**

La colère en soi ne constitue pas un problème bien qu'elle puisse faire monter considérablement la tension artérielle chez certaines personnes reconnues pour « réagir rapidement ». Mais l'intensité de la colère, la façon dont elle se manifeste et sa durée peuvent représenter de très sérieux problèmes, pour nous-mêmes et pour les autres.

Nous pouvons apprendre beaucoup des enfants en matière de gestion de la colère. Ils expriment ouvertement leurs sentiments, puis n'y attachent plus d'importance. Quelque chose les frustre ou les contrarie, et la minute d'après, ils s'amusent et rient, laissant leur accès de colère derrière eux. Ils sont habiles à vivre le moment présent.

Il y a de nombreuses façons d'agir sur la colère dans les situations aiguës. L'un d'elle consiste à ne pas tenir compte de ce qui s'est passé ou de choisir d'en faire fi (« je ne vais pas laisser cette chose m'énerver » ou « ça ne vaut pas la peine de se mettre en rogne pour ça »). Vous n'avez pas besoin de réagir juste parce que quelqu'un a fait quelque chose qui vous déplaît.

Une autre approche consiste à faire une pause et à réfléchir à la situation. Ensuite, vous pourrez y répondre avec tact sans attaquer la personne qui a déclenché votre colère : « Je suis vraiment en colère et je vais vous dire pourquoi. »

Une troisième approche consiste à désamorcer la colère par le divertissement, la distraction, l'humour ou en en parlant (avec vous-même ou à quelqu'un) d'une façon qui vous permette de comprendre la raison de votre contrariété et de vous calmer.

Régler la question de la colère peut être vu comme une série de choix à faire :

- **Se mettre en colère ou non.** La colère est une réaction mais elle n'est pas inévitable. Nous pouvons nous entraîner à tolérer la frustration et l'irritation sans nous fâcher, à accepter les choses comme elles sont, à comprendre que les événements ne se passent pas toujours comme nous le voudrions et que les gens ne se comportent pas toujours comme nous croyons qu'ils le devraient.

- **Reconnaître sa colère ou la nier.** Certaines personnes disent « Je ne suis pas en colère », alors qu'elles le sont vraiment, ce qui peut semer la confusion autant chez les autres que chez elles. Si vous êtes en colère, admettez-le. Avouez-vous-le au moins.

- **Prolonger sa colère ou y mettre fin.** La colère (surtout pour des choses sans importance) se dissipe généralement rapidement. Mais s'y maintenir (surtout intentionnellement) ne fait que prolonger votre frustration. C'est s'apitoyer sur son sort, aller à l'encontre du but recherché et ça finit par être autodestructeur.

- **Réprimer sa colère ou l'exprimer.** Réprimer trop longtemps sa colère n'est pas bon pour la santé. Agir ainsi fait s'accumuler la pression à l'intérieur et génère du stress en permanence. Exprimer sa colère de façon constructive (exprimer ses sentiments) est meilleur pour la santé.

- **Exprimer sa colère directement ou indirectement.** Exprimer directement ses sentiments, c'est exprimer sa colère à la personne concernée; en personne, au téléphone ou par écrit. Vous pouvez le faire tout de suite ou attendre un moment. Vous pouvez le faire, calmement, d'une façon affirmative et franche, ou d'une façon plus énergique en montrant votre colère. Je suggère d'employer la première parce que l'agressivité peut blesser certaines personnes ou envenimer le conflit. Exprimer directement sa colère demande une certaine prudence et il est préférable d'attendre de s'être calmé pour le faire.

L'expression indirecte de la colère peut se faire verbalement, par écrit ou physiquement. Elle est moins dangereuse car elle évite l'affrontement direct. On peut exprimer sa frustration verbalement en se parlant ou en parlant à une autre personne ou même à un animal de compagnie, l'objectif étant de se décharger du poids de la frustration, d'évacuer les sentiments et de les laisser se dissiper. Exprimer vos sentiments peut aussi vous aider à trouver la raison de votre colère (vous vous rendrez peut-être même compte que c'est surtout contre vous que vous en avez).

Exprimer votre colère par écrit peut être très thérapeutique, soit sous forme d'un journal, d'un livre de bord, d'un journal intime ou d'une lettre que vous adressez à la personne concernée. Si votre intention est d'écrire une lettre exprimant votre colère :

- Ne le faites que lorsque vous êtes vraiment en colère (pour l'évacuer) et non lorsque vous êtes bien (ce qui ne ferait que l'exciter).

- Dites tout ce qui vous passe par la tête : jurons, insultes, tout ce qui peut faire sortir ce que vous avez sur le cœur.

- Écrivez rapidement. Ne vous souciez pas de la lisibilité.

- *N'envoyez pas la lettre.* L'objectif est de déballer ce que vous avez sur le cœur et non de le partager avec la personne concernée.

- *Ne relisez pas la lettre.* Roger Mellott, un spécialiste du stress en Louisiane, utilise l'expression « balancer des billes » (*marbles dumping*) pour décrire ce qu'est exprimer sa colère. Il prétend que se mettre en colère est comme avaler de grosses billes (pensez à des billes de roulement) et les avoir dans l'estomac. Lorsque vous exprimez votre colère, vous vous débarrassez de ces billes. Après, vous vous sentez plus léger et soulagé. Si vous relisez la lettre cependant, vous vous trouvez à ravaler ces mêmes billes. Le but est de faire sortir la colère et non d'admirer votre chef-d'œuvre une fois écrit.

- *Détruisez la lettre.* L'exercice consistait à écrire la lettre. Le but est déjà atteint. Débarrassez-vous-en maintenant par mesure de sécurité.

Faire de l'exercice évacue le stress que génère la colère. L'exercice, le sport ou l'activité physique, par exemple passer la vadrouille ou couper du bois (attention à vos orteils si vous êtes vraiment en colère !), feront l'affaire.

La colère est utile. Elle nous aide à reconnaître que quelque chose ne va pas (comme lorsque nous sommes agressés ou exploités). Mais certaines personnes s'emportent pour des peccadilles. Ce genre de colère est inutile.

> « Vous ne serez pas **puni pour** votre colère. Vous serez puni **par** votre **colère**. »
> BOUDDHA

Prescriptions

- Surveillez-vous au cours de la semaine prochaine. Voyez combien souvent vous vous emportez, ce qui déclenche votre colère et combien de temps vous restez fâché. Prenez des notes pour savoir comment les choses se passent.
- Choisissez une situation qui déclenche votre colère (un conducteur lent par exemple) et décidez de la laisser tomber.
- La prochaine fois que vous vous mettrez en colère, arrêtez-vous, prenez quelques respirations ou comptez jusqu'à dix et trouvez la raison pour laquelle vous vous êtes emporté (sentiment de frustration, d'avoir été traité injustement, une perte de contrôle, vous êtes embarrassé, etc.).
- Puis pensez à une façon constructive et diplomatique de gérer la situation. Répondez avec prévenance au lieu de réagir impulsivement.
- Voyez combien de temps votre colère met à s'estomper. N'essayez pas de punir les autres avec votre colère et évitez les silences réprobateurs.
- Si vous vous mettez souvent en colère et si vous êtes incapable de vous maîtriser, consultez un professionnel.

Dr David Posen

Si vous avez besoin d'un modèle pour vous débarrasser de votre colère, vous n'avez qu'à regarder comment un enfant vibrant de colère peut rire aux éclats cinq minutes plus tard. Et voyez si vous pouvez faire de même – sans la colère si possible.

Combattre la déprime

Comment remonter la pente

Vous est-il déjà arrivé d'être à plat et d'avoir quelqu'un autour qui essaie de vous redonner de l'entrain ? « Allons, ressaisis-toi, disent-ils, ça ne peut quand même pas aller si mal ! » (Et vous vous dites : « On parie ? » ou « Secoue-toi ! Fais-moi voir un sourire. » (Et votre voix intérieure de murmurer : « N'insiste pas mon vieux. Fous-moi la paix ! ») Ces personnes veulent sans doute bien faire, mais ce n'est pas l'envie qui vous manque de les envoyer promener, non ? Et que dire de ceux qui poussent l'audace jusqu'à vous soulever les coins de la bouche pour vous faire sourire (tandis que vous pensez : « Attention à tes doigts ! ») ? Vous vous priveriez bien de leur si généreuse tentative pour vous remonter le moral.

Ces personnes, bien intentionnées au départ, font au moins deux erreurs. D'abord, elles s'introduisent dans votre monde intérieur sans vous en demander la permission. Ensuite, elles pensent que le simple fait de vous dire de vous reprendre en main suffira à changer votre humeur.

En réalité, il est difficile de changer ses sentiments par un simple acte de volonté. Le docteur William Glasser, un psychiatre de la Californie, avait une théorie intéressante sur le sujet, lors d'un séminaire auquel j'ai assisté il y a quelques années. Il a noté que nous fonctionnons tous à quatre niveaux différents : l'acte, la pensée, les sentiments et la réponse physiologique, et que nous avons de moins en moins de maîtrise plus nous allons vers le bas de la liste. Ainsi, c'est sur nos actes que nous avons le plus d'emprise. Nous en avons moins sur nos pensées, très

> Même si vous ne pouvez **modifier** votre **humeur** de façon directe, vous pouvez le faire de façon indirecte, en modifiant ce que vous faites et votre **façon de penser.**

203

peu sur nos sentiments et pratiquement aucune sur nos réactions physiologiques.

Voici un exemple. Vous vous levez un samedi matin avec le cafard. Un ami vous invite à aller jouer au tennis. Vous lui répondez que ça ne vous dit rien. Il réplique : « C'est dommage, mais peut-être que faire une partie va te remonter le moral, je passe te prendre à 10 h 00. » Malgré votre déprime, vous pourriez mettre vos vêtements de tennis et prendre votre raquette. En mettant mécaniquement un pied devant l'autre, vous pourriez vous obliger à sortir et à jouer.

Ou votre copain pourrait dire : « Je sais que ça ne va pas très fort depuis un moment, mais rester inactif et seul ne va pas beaucoup t'aider. J'ai lu que l'activité physique et l'interaction avec les autres peuvent vraiment améliorer l'humeur. Ça vaut la peine d'essayer. C'est une journée magnifique et dès que tu auras l'avantage des points, tu vas te sentir mieux. » En faisant appel à votre moi rationnel, il pourrait vous amener à changer d'avis sur la façon dont vous gérez votre humeur. Et même si vous n'êtes pas très emballé à l'idée, vous pourriez accepter sa logique.

Cependant, si cet ami vous disait « Ah ! Allons, arrête de déprimer et profite de la vie », ça ne changerait sans doute rien à votre humeur (et risquerait d'ajouter un degré supplémentaire d'irritation à votre déprime). Vous ne pourriez pas presser un bouton et subitement vous sentir mieux.

En d'autres termes, vous pouvez modifier volontairement vos actes et votre façon de penser, mais vous ne pouvez modifier votre humeur simplement parce que vous l'avez décidé.

Un autre message important du docteur Glasser fut que, même si vous ne pouvez modifier votre humeur de façon directe, vous pouvez la modifier de façon indirecte ; en modifiant ce que vous *faites* et la façon dont vous *pensez*. En faisant les choses différemment et en pensant autrement, vous pouvez, en fait, commencer à vous *sentir* différent. C'est le principe sur lequel se fonde la *thérapie comportementale et cognitive*. Par conséquent, si vous sortez jouer au tennis avec un copain ou si vous allez faire une marche par un après-midi ensoleillé, il est bien possible que vous commenciez à vous sentir mieux (malgré vous).

Modifier votre façon de penser constitue un moyen extrêmement efficace et éprouvé d'améliorer votre humeur. Quand les gens se sentent déprimés, ils commencent à s'engager dans une conversation négative avec leur voix intérieure. Ils ont des pensées négatives concernant leur situation, le monde en général et l'avenir. Vider la question en en parlant avec une autre personne peut aider à mettre les choses en perspective. Vous pouvez commencer à vous rendre compte que le choses ne vont pas aussi mal que vous le pensiez et qu'il y a des aspects positifs auxquels vous n'aviez pas songé.

> J'ai appris que pour se **remonter le moral,** il n'y avait rien de tel que de remonter celui d'une **autre** personne.
>
> ANONYME

Prescriptions

- La prochaine fois que vous aurez le cafard ou que vous vous sentirez déprimé, cernez bien l'état dans lequel vous êtes et reconnaissez être à plat.
- Demandez-vous : « Quelle est la chose que je pourrais faire aujourd'hui pour me remonter le moral ? » Choisissez au moins une activité constructive (aller faire une marche, jouer d'un instrument, travailler à votre passe-temps préféré, rencontrer un ami pour dîner, aller au cinéma) pour que quelque chose d'autre capte votre attention et pour que vous vous sentiez mieux.
- Trouvez ce qui vous fait vous sentir ainsi. En parler à une autre personne ou l'écrire peut vous aider. Voyez si vous pouvez cerner la raison de votre contrariété. Puis essayez de découvrir les pensées qui se cachent derrière ce qui vous vexe.
- Remettez ces pensées en question. Sont-elles illogiques, exagérées, erronées ?
- Si ces mesures ne donnent pas de résultat, et surtout si votre déprime dure plus de quinze jours, consultez un professionnel, un médecin de médecine familiale ou un thérapeute.

Dr David Posen

Si vous voulez aider des personnes à retrouver le moral, invitez-les à faire une marche ou à manger un morceau. N'approchez pas les doigts de leurs lèvres pour les forcer à sourire car les dents ne sont pas très loin !

L'importance du soutien social

Confier ses problèmes, c'est les réduire de moitié

L'histoire de Chris Michalak était une de celles qu'il faisait bon entendre au début de la saison de base-ball 2001. Michalak était un lanceur recrue des Blue Jays de Toronto. Il commença l'année en triomphant des Yankees de New York à deux reprises et gagna ses trois premières parties. Mais ce qui était le plus remarquable chez Michalak est qu'il avait trente ans et avait passé huit ans dans les ligues mineures.

On a beaucoup écrit sur la détermination de Chris, sa persévérance et sa patience du temps où il essayait de lancer sa carrière professionnelle. Et dans la plupart de ces articles et de ces entrevues, Michalak ne manquait pas de rendre hommage à son épouse, Sharon, dont le soutien lui fut inestimable, surtout au cours des quatre dernières années d'efforts. Quelque difficiles qu'aient été ces années cependant, le fait qu'elle ait cru en lui et continué de l'encourager a été capitale dans le succès du lanceur. Cette histoire illustre bien l'importance des structures d'entraide dans notre vie.

Voici un autre exemple. Une de mes amies venait juste de voir son premier livre publié, un merveilleux et gratifiant accomplissement. C'était aussi une occasion de célébrer. Son mari et ses enfants ont donc organisé une spectaculaire fête où tous ont pu s'amuser follement et où le clou de la soirée fut l'arrivée de deux de ses sœurs venues d'Europe pour l'événement. Ce qui conféra un caractère si mémorable à l'affaire fut que l'événement ait été partagé par des dizaines de membres de la famille et d'amis – qui célébraient aussi l'auteur et non pas seulement le livre.

> **Les gens qui souffrent seuls souffrent beaucoup.**

Le soutien social est des plus utiles en temps de stress. De nombreuses études montrent que le soutien social réduit les hormones de stress dans notre corps. Mes enfant ont dû subir plusieurs interventions chirurgicales au cours de leur jeune vie, et même si je suis médecin, ce sont des moments où je ne peux rien faire pour eux médicalement. Je dois laisser cela à mes collègues chirurgiens. Mais ce que je peux faire, c'est être là avec eux. Le message inexprimé se lit comme suit : « Je ne peux pas toujours t'empêcher d'avoir mal, mais je peux rester près de toi quand la douleur est présente afin que tu ne sois pas seul. » Mon épouse et moi voyons ainsi notre rôle : procurer le confort, prévoir des distractions, se faire rassurant, répondre aux questions, apaiser les craintes et même faire des blagues et essayer de faire rire le gamin quand le moment s'y prête. D'avoir partagé les moments difficiles nous a rendu l'expérience moins pénible et rapproché comme famille.

Les groupes d'entraide peuvent faire beaucoup de bien aux gens présentant des problèmes de santés particuliers, tels la dépression, l'obésité, les maladies du cœur et le diabète. Certaines études ont montré que les femmes aux prises avec le cancer du sein s'en sortent mieux quand elles participent à des groupes de soutien avec d'autres patientes atteintes du même mal. Pour ce qui est des alcooliques, le meilleur programme s'est avéré celui des Alcooliques anonymes. Les membres prônent l'acceptation, la compréhension et le soutien lors de réunions périodiques. Ils célèbrent aussi les étapes sur le chemin de la sobriété. Le soutien est des plus utiles parce qu'il vient d'autres alcooliques qui savent exactement combien il est difficile de vaincre cette dépendance.

> « Donnez sans attendre en retour et la vie se chargera de vous le rendre. »
> HARRY POSEN

Dans son excellent livre *Love and Survival*, le docteur Dean Ornish constate que les gens qui ont des relations intimes, qui savent ce que c'est que d'établir des rapports et de vivre en communauté ont une meilleure santé et vivent plus longtemps que ceux qui s'isolent et se retirent de la société. Mon opinion est que les gens qui souffrent seuls souffrent beaucoup.

Les bienfaits du soutien social comprennent:

- **Le soutien émotionnel et l'encouragement:** il est essentiel d'avoir quelqu'un sur qui compter et qui peut nous écouter. Parler de nos états d'âmes réduit le stress et nous aide à passer à travers nos problèmes et à avoir une meilleure impression de soi.

- **Le soutien logistique:** lorsque vous êtes surchargé de travail, malade ou incapable de fonctionner à cause d'un accident, d'autres personnes peuvent prendre soin des enfants, faire une partie des tâches ménagères et des courses, ou vous conduire chez le médecin lorsque vous avez rendez-vous.

- **L'accès à des guides et à des conseillers:** suite à une perte d'emploi ou à une séparation, des personnes qui ont vécu la même chose peuvent vous faire part de ce qu'ils ont retenu de l'expérience. D'autres peuvent vous montrer comment vous servir d'un ordinateur, construire un document d'information, faire un curriculum vitæ ou vous préparer en vue d'une entrevue.

- **L'accès à un réseau:** des personnes faisant partie de votre structure d'entraide peuvent vous mettre au courant des offres d'emploi, vous mettre en relation avec un bon mécanicien de voiture ou vous faire connaître un nouveau club de livres.

Beaucoup de gens ont du mal à se confier. Nombre de patients me disent qu'ils se sentent faibles ou vulnérables quand ils admettent avoir des problèmes. Ou ils ne font pas confiance aux gens en matière de confidentialité. Et pourtant, ainsi que vous le confirmeront les coiffeurs, les barmans ou les chauffeurs de taxi, des gens révèlent souvent des informations personnelles étonnantes à de purs étrangers.

Curieusement, de nombreux patients qui ne partagent pas leurs sentiments me disent que les autres s'ouvrent souvent à eux,

> «La **présence** silencieu-
> se d'une **personne** est
> souvent plus **apaisante**
> qu'un petit conseil.»
>
> ANONYME

qu'ils en sont flattés et qu'ils aiment bien leur apporter leur aide, bien qu'ils détestent parler de leur vie personnelle ou de leurs sentiments.

Le meilleur moment pour mettre sur pied une structure d'entraide, c'est avant que vous en ayez besoin. N'attendez pas d'être pratiquement à bout et de vous ruer sur le premier passant pour lui raconter votre journée. Et la meilleure façon de mettre sur pied une structure d'entraide est d'apporter son soutien aux autres. Agir ainsi pose les fondements d'une relation, permet à la confiance et à la bienveillance de s'installer. Lorsque vous savez que quelqu'un est contrarié, demandez-lui s'il désire en parler. Puis écoutez avec patience et empathie. Appelez ou visitez quelqu'un qui est malade ou qui passe un mauvais moment. Et quand vous aurez besoin d'une oreille attentive, vous serez bien à l'aise de compter sur le lien que vous aurez créé pour vous venir en aide. Comme le dit si bien mon père: «Donnez sans attendre en retour et la vie se chargera de vous le rendre.»

Prescriptions

• Identifiez des personnes en qui vous avez confiance et qui tiennent à vous. Choisissez une personne à qui vous vous confierez cette semaine.

• Ne lui confiez rien d'embarrassant. Il n'est pas nécessaire de lui raconter votre vie entière. Parler de ses sentiments est plus important que de partager des détails.

• Commencez à mettre sur pied ou à étendre votre structure d'entraide. Choisissez une personne dont vous cherchez l'aide et le soutien et entamez une conversation avec elle, peut-être en lui offrant votre propre soutien.

• Demandez de l'aide quand vous en avez besoin. La plupart des gens sont contents d'aider les autres.

• Pour certains problèmes, consultez des professionnels : un médecin de médecine familiale, un membre du clergé ou un thérapeute professionnel.

Dr David Posen

Ne vous sentez pas inférieur lorsque vous demandez du soutien. Nous éprouvons tous du stress, de la colère, de la frustration et de la peur par moments. Garder ces sentiments à l'intérieur est une erreur. Avoir des problèmes ne signifie pas être faible, mais plutôt que vous êtes humain.

Comment apprécier le stress des Fêtes

Soyez proactif et planifiez

Charles Dickens commence *Le Conte des deux villes* par la phrase suivante : « C'était une époque extraordinaire, la pire des époques. » Si je paraphrasais le célèbre auteur en parlant de la période des Fêtes, je dirais : « J'ai hâte à Noël… pour en avoir fini avec les Fêtes ! »

Un sondage radiophonique révélait, il y a quelques années, que le facteur de stress le plus important était « la crainte de ne pas avoir le temps de tout faire ». Pour de nombreuses personnes, surtout les femmes, Noël est synonyme de travail ! Décembre, c'est l'achat des cadeaux, les parties de bureau, les visites de la parenté, la décoration de l'arbre et de la maison, l'envoi de cartes de souhaits, la préparation des réceptions… et le nettoyage qui s'ensuit.

Il y a trente ans que j'observe la période des Fêtes à travers les yeux de mes patients et j'ai vu le stress, l'épuisement, les sentiments contradictoires et même l'angoisse qu'elle occasionne. Il y a certainement de meilleures façons de s'y prendre avec la période des Fêtes, que vous célébriez la Noël, le Hannoucah, le Kwanzaa ou tout autre événement.

D'où vient le stress de la période des Fêtes ? Que peut-on faire pour mieux le gérer ?

1. L'achat des cadeaux

La magasinage du temps des Fêtes, on sait ce que c'est : se battre pour trouver à se garer ; jouer du coude dans les boutiques bondées ; crever de chaleur sous son manteau d'hiver (l'enlever signi-

212

fie un article de plus à transporter) ; découvrir qu'ils n'ont pas la taille ou la couleur que l'on désire ; se rendre compte que la personne qui vous précède vous chope sous les yeux le dernier objet de cristal

> Le Noël **parfait** est une **illusion**.

taillé ; constater que le personnel affecté aux ventes est introuvable ou inaccessible parce que trop occupé ; oublier où l'on a stationné la voiture. Comme c'est amusant !

La solution est de faire ses emplettes de bonne heure, par exemple au mois d'octobre ! Il est vrai que vous risquez de payer le plein prix pour des articles qui seront réduits le 23 décembre et de vous dire : « Si j'avais attendu… » Mais si vous aviez attendu, tout aurait peut-être été vendu dès le mois de novembre. J'achète mes cadeaux tout au long de l'année – chaque fois qu'une bonne idée me traverse l'esprit – et je les planque jusqu'à Noël.

Demandez aux membres de la famille de préparer une liste de cadeaux. Servez-vous des catalogues pour avoir des idées et pour commander vos cadeaux à l'avance. Pensez à magasiner en ligne. Faites des comparaisons avec le shopping par téléphone. Cessez d'essayer de trouver le « cadeau idéal ». Donnez des bons-cadeaux aux personnes pour lesquelles il est difficile de trouver un cadeau. Songez à offrir des abonnements à des magazines ou des coupons-rabais pour des massages ou des films. Donnez des cadeaux que vous avez faits vous-même (un livre de vos meilleures recettes de cuisine, par exemple).

2. Les cartes de souhaits

Envoyer des cartes de souhaits peut se transformer en un véritable travail. J'ai vu des patients envoyer à toute vitesse des dizaines de cartes de souhaits le 15 décembre. D'innombrables questions se posent alors : est-ce que j'y glisse une photo de famille ? Devrais-je écrire un message personnel dans chacune des cartes ? Devrais-je écrire un petit mot à part ou envoyer un message de nature informative ? La clef est de ne pas trop en faire et de faire ce qui nous semble raisonnable. Si ce n'est pas agréable, pourquoi se donner du mal ?

Décidez, de façon réaliste, combien de cartes vous pouvez envoyer. Retirez certains noms de votre liste de l'année précédente. Commencez par éliminer les noms sur lesquels vous ne pouvez plus mettre de visage. N'envoyez pas de cartes aux personnes que vous allez rencontrer durant la période des Fêtes. Ne vous laissez pas entraîner dans de longues lettres. Commencez tôt. Faites-en quelques-unes à la fois. Trouvez votre rythme.

3. La vie mondaine

Comme s'il n'était pas suffisant de devoir tout prévoir, d'acheter les cadeaux et de se préparer, de nombreuses personnes ajoutent au branle-bas des Fêtes une série de visites éclair chez des amis ou des membres de la famille. Résultat : les gens se retrouvent débordés et épuisés. N'acceptez pas toutes les invitations que vous recevez. Donnez-vous congé certains soirs pour vous relaxer et vous coucher tôt. N'acceptez pas deux invitations le même soir (le syndrome « on va faire notre possible pour passer... »). Calculez bien le temps que vous prenez pour vous déplacer.

Conservez, autant que possible, votre routine et votre horaire habituels. Prenez suffisamment de sommeil. Évitez les excès. Ne mangez pas trop. Ne buvez pas exagérément pour ensuite faire le plein de caféine dans le but de pouvoir retourner à la maison avec la voiture. Lorsque la petite voix dans votre tête vous dit « Je crois que c'est assez », il faut l'écouter surtout quand il s'agit de votre consommation d'alcool. Désignez un conducteur au cas où vous ne seriez pas en état de conduire. Tenez-vous-en à une consommation à l'heure tel que recommandé. Buvez une boisson non alcoolisée (préférablement de l'eau) entre vos consommations d'alcool.

4. Attentes irréalistes

Le Noël parfait est une illusion. Et la quête de la perfection mène, à coup sûr, à la frustration et à la perte des illusions, parce qu'il n'y aura plus de fin. Certaines personnes idéalisent la période des Fêtes ou se souviennent du temps doré où elle signifiait chaleur et merveilles. Elles essaient de recréer l'atmosphère des Noëls passés. Ces images sont souvent plus romantiques que réelles.

Ne comparez pas avec les années précédentes. Il ne s'agit pas d'un concours. N'essayez pas de faire de chaque Noël « le plus beau que vous ayez passé ». Prenez-le, tout simplement, comme il se présente et appréciez-le pour ce qu'il est.

Ne vous évertuez pas à obtenir « le Noël parfait ». La maison n'a pas besoin d'être reluisante de propreté. Tous les repas n'ont pas besoin d'être entièrement cuisinés par vous. Il est tout à fait correct d'acheter un dessert tout préparé plutôt que de faire votre propre gâteau ou tarte. Souvenez-vous des deux phrases suivantes : « Quand tout flanche, diminuez vos exigences » et « Osez la moyenne ! »

Tout le monde a des croyances à propos de la période des Fêtes (il ne faut pas ouvrir les cadeaux avant le jour de Noël au matin ; le sapin doit être vert, etc.). Vous n'avez pas besoin de reproduire le Noël de votre enfance. Instituez une nouvelle tradition et créez-vous de nouveaux souvenirs. Une de mes anciennes infirmières a eu l'idée de faire des petits bonhommes en pain d'épice, de les accrocher à l'arbre et d'en donner aux amis. Chacun de ses enfants étrennait un nouveau pyjama la veille de Noël. Une autre famille s'est donné pour tradition d'aller à la messe la veille de Noël et de revenir à la maison pour regarder un film du temps des Fêtes.

> Cela se réduit à **commencer** tôt et à bien gérer vos **attentes**.

Il est aussi irréaliste d'essayer de plaire à tous ou de tout faire pour tout le monde. C'est particulièrement le cas des femmes à qui l'on a appris à répondre aux besoins des autres en société. N'essayez pas de tout faire pour tout le monde. Enlevez-vous ce fardeau des épaules. Ne jouez pas les *superwoman* pour une couronne de Noël.

5. La préparation, le ménage et le travail de routine

Une de mes patientes avait décidé de repeindre le couloir d'entrée de sa maison dans la semaine précédant Noël parce qu'elle attendait de la visite. Elle a dû lire dans mes pensées parce qu'avant que j'aie eu le temps de prononcer un mot, elle a dit : « Ce n'est pas une très bonne idée, hum ! » Elle s'est rendu compte que le temps était mal choisi pour se trouver du travail à faire.

Une façon de réduire la charge de travail des Fêtes est d'*éviter toutes les tâches non essentielles.* Allez au plus simple ! Vous ne recevez pas le premier ministre. Si les gens vous demandent s'ils peuvent apporter quelque chose, dites oui ! Partager la tâche est à la fois sage et utile. S'ils ne s'offrent pas, pensez à demander de l'aide ou à déléguer certaines tâches. Mais choisissez bien les personnes auxquelles vous déléguerez – et soyez clair dans vos instructions. Une dame m'a dit que son mari avait offert d'acheter la dinde, mais quand il s'est fièrement présenté avec l'animal tard la veille de Noël, elle est était encore congelée. La nuit ne suffisait pas à la faire dégeler et les magasins étaient fermés à pareille heure. La dinde de Noël s'est alors transformée en œufs de Noël.

Le partage des tâches comprend le ménage. Nous avons des amis qui ont institué une tradition lors des dîners spéciaux. À la fin du repas, les deux frères se lèvent, vont dans la cuisine, relèvent leurs manches et lavent la vaisselle sans que personne ne s'en rende compte. Ce sont des invités tout droit descendus du ciel (pas question que je vous donne leurs noms. Cette année, c'est *chez nous* qu'ils viennent).

Prescriptions

- Assoyez-vous et pensez à ce que vous voulez faire pour les Fêtes cette année (échange de cadeaux, parties, visites, etc.).
- Pensez à ce que vous avez fait l'année dernière. Qu'est-ce qui a marché ? Qu'est-ce qui n'a pas marché ? Changez une ou deux choses cette année pour que les festivités soient plus agréables pour vous – et plus faciles à gérer.
- Faites-vous un calendrier pour l'achat des cadeaux, l'envoi des cartes et ce qui a trait au divertissement des invités.
- Allez-y à votre rythme. Donnez-vous la permission de passer une agréable période des Fêtes.

Dr David Posen

Il n'y a personne de plus calme et de plus béat que celui qui a acheté tous ses cadeaux, fait l'arbre de Noël, envoyé ses cartes de souhaits et prévu ses sorties au début du mois de décembre.

En vous y mettant dès maintenant, vous pourriez bien être cette personne.

Les sentiments qui refont surface au cours de la période des Fêtes

C'est le temps d'être joyeux – ou simplement émotif

Un ami m'a raconté ce que lui et son épouse avaient vécu un certain matin de Noël. Tout le monde s'était couché de bonne heure la veille, le déballage des cadeaux étant prévu pour le lendemain matin. À sept heures, un cri, suivi de gros sanglots, les tira brutalement du sommeil. Leur petite fille de cinq ans était allée dans la salon pour constater qu'un véritable chaos s'étalait sous ses yeux. Sa petite sœur de trois ans était si excitée par l'ouverture des cadeaux qu'elle n'avait pu fermer l'œil. Or, à cinq heures du matin, n'y tenant plus, elle les avait tous déballés (les siens et ceux des autres) et avait tout laissé éparpillé sur le plancher. Les parents remirent rapidement tout en ordre en remballant tous les paquets et en les remettant sous l'arbre.

Cet histoire illustre à quel point faire de la remise des cadeaux son centre d'intérêt peut mener à des niveaux d'attentes et d'excitation tels qu'ils peuvent finir par échapper à tout contrôle. (Je connais certains adultes qui s'emballent joliment aussi!) S'attendre à recevoir un présent en particulier peut s'avérer décevant si vous n'obtenez pas ce que vous voulez. Ou il peut être offensant pour la personne qui offre le cadeau de ne pas obtenir la réaction à laquelle elle s'attend en retour de son présent soigneusement choisi. Une amie a donné à son grand-père une cravate qu'elle croyait plutôt élégante. C'était vraiment un gentil monsieur et il ne voulait pas l'offenser, mais il a tout de même laissé échapper : « Je voulais des boutons de manchette ! »

Bien des émotions remontent à la surface durant la période des Fêtes. Parmi elles, mentionnons un certain sentiment de bonheur, un solennel respect pour l'aspect religieux. La beauté et l'apparat invitent souvent à la cordialité et à l'union. Mais d'autres émotions font aussi surface qui sont difficiles à gérer : la tristesse, la solitude, le sentiment de perdre quelque chose, la nostalgie du passé, la dépression, les tensions et les conflits familiaux, la colère et le sentiment d'être rejeté. La décision de visiter certains membres de la famille plutôt que d'autres peut aussi être une cause de division durant la période des Fêtes. Je me souviens de deux de mes patients qui se livraient une lutte acharnée pour savoir qui de la famille du mari vivant à Owen Sound ou de celle de l'épouse habitant Kitchener ils allaient visiter. Rester à la maison eût été pratiquement plus facile !

Puis il y a « les membres de la famille » : tante Marguerite qui embrasse toujours tous les invités, oncle Édouard qui raconte toutes les blagues qu'il a apprises dans l'année (y compris les grivoises) et cousin Sébastien qui boit trop et met tout le monde dans l'embarras.

Certaines personnes ont le sentiment de crouler sous la pression et se sentent inquiètes. Une de mes patientes était préoccupée parce que, disait-elle : « Ce sera ma faute si les gens ne passent pas un bon Noël. » Je l'ai vue le 23 décembre et elle appréhendait le grand jour. Elle s'était mise beaucoup de pression sur les épaules pour s'assurer que tout le monde passe un bon moment. Nous en avons discuté et je lui ai dit combien ses attentes étaient irréalistes et injustes pour elle. Je lui ai donné la permission de renoncer à ce rôle qu'elle s'était attribué pour ce Noël-là. Je lui ai dit : « Vous avez invité tout le monde, vous vous êtes tapé tout le travail, vous fournissez la bouffe et l'atmosphère des Fêtes, laissez-leur la responsabilité de trouver à s'amuser. » En janvier, elle m'a dit qu'elle avait suivi mon conseil et qu'elle ne se souvenait pas d'avoir passé un plus beau Noël. Elle avait pu se détendre et profiter de la soirée. Et elle remarqua que tout le monde avait trouvé à s'amuser malgré l'absence de l'animatrice autoproclamée.

Voici quelques suggestions qui vous aideront à gérer les sentiments qui refont surface à cette période de l'année :

- **Décidez ce dont vous avez besoin et assurez-vous de l'obtenir.** Si vous ne pouvez être avec votre famille ou avec tous ceux qui la composent, invitez des amis pour avoir de la compagnie et du soutien. Une femme séparée depuis peu a invité sa famille élargie pour Noël. Comme elle le dit si bien : « J'avais besoin d'un centre d'intérêt et d'une raison pour décorer la maison. »

- **Ne revenez pas sans cesse sur ce qui manque ou les personnes absentes.** Concentrez-vous sur ce que vous pouvez célébrer (la famille, la santé, les bons amis, etc.). Il ne faut pas oublier les absents ou les disparus. Un toast en leur honneur et un bon mot sont appropriés, mais il ne faut pas insister.

- **Si vous prévoyez être seul, partagez la période des Fêtes avec des personnes dans la même position que vous** ou informez vos amis de votre situation et demandez-leur si vous pouvez vous joindre à eux. Ne faites pas de cérémonies et n'attendez pas qu'on vous invite. « Passer faire un tour » avec un petit cadeau à Noël, une vieille coutume toujours appréciée, est une façon de créer des liens.

- **Partagez la période des Fêtes avec les gens qui vivent des choses difficiles** (un ami ou un voisin qui a perdu un être cher, est sans travail ou dont la famille vit au loin).

- **Assistez aux offices de votre église, votre synagogue ou votre temple** pour vous rapprocher de votre religion et de votre communauté.

- **Donnez de votre temps** pour aider les autres à passer une période des Fêtes plus agréable. Offrir vos services à une maison d'hébergement ou à un organisme communautaire peut être très gratifiant. Lorsque j'étais médecin de famille, j'étais toujours de garde la veille et le jour de Noël pour que les autres médecins dans notre groupe puissent être avec leur famille à la maison.

- **Ne vous laissez pas entraîner dans des conflits familiaux.** Contentez-vous d'être observateur. Observez la dynamique familiale sans juger personne. Évitez les réunions de famille si elles sont trop acrimonieuses ou contrariantes. Ou écourtez votre visite.

- **Pensez à partir en voyage** si vous sentez que de rester à la maison sera trop pénible.

Prescriptions

- Pensez à ce que vous allez faire durant la période des Fêtes. Sortez votre calendrier et prenez-y des notes.
- Comment aimeriez-vous passer la veille de Noël, le jour de Noël, le jour du Boxing day, la veille du jour de l'An et le jour de l'An même, et les fins de semaine qui s'y intercalent ? Avec qui aimeriez-vous les passer ? Parmi les personnes qui vous sont d'un grand soutien et vous appuient moralement, quelles sont celles que vous aimeriez revoir ? Commencez à leur téléphoner pour recréer les liens et organiser quelque chose.
- Soyez ouvert et réceptif aux invitations des autres.
- Parlez de vos sentiments aux personnes dont vous êtes proche ou à un professionnel en qui vous avez confiance.

DR DAVID POSEN

La petite fille, qui ne pouvait attendre d'ouvrir les cadeaux, vient juste d'avoir son premier enfant. Je me demande comment se déroulera un certain matin de Noël, dans quelques années, maintenant qu'elle est la maman !

Les résolutions du jour de l'An

Commencez l'année du bon pied

Très bien, la période des Fêtes est presque terminée. Vous êtes sorti indemne de Noël, du Hannoucah, du Kwanzaa ou des autres célébrations. La prochaine date importante est le jour de l'An. Ce qui est bien avec le premier janvier, c'est qu'il nous donne l'occasion de recommencer à zéro. Et il était temps. Vous venez de passer un mois au cours duquel vous avez sans doute mangé plus que vous ne l'auriez voulu, bu plus que vous ne l'auriez dû et dépenser plus que vous ne le pouviez. Par bonheur, le calendrier vous donne maintenant la chance de faire amende honorable et de changer de conduite pour la nouvelle année qui s'amorce.

Il fut un temps où je me moquais des résolutions du jour de l'An, mais il y a quelques années, après mûre réflexion, j'ai griffonné quelques trucs. Ma devise a toujours été d'aller au plus simple, si bien que l'année dernière je n'ai écrit que trois résolutions :

- quitter le bureau à 18 h 00 ;

- faire les choses immédiatement (cesser de les remettre à plus tard) ;

- régler le régulateur de vitesse sur 100 km/h (en d'autres termes, réduire ma vitesse de 10 km/h).

J'ai gardé le papier à portée de la main pour ne pas oublier. Et même si j'ai un peu dévié de ma route en cours d'année, je m'en suis quand même assez bien tiré.

> Il faut vingt et un jours pour **modifier** un **comportement.**

Voici quelques suggestions concernant les résolutions du jour de l'An :

- **Ne prenez de résolutions que si vous avez l'intention de les tenir** – et non parce qu'il serait bien que vous le fassiez.

- **Écrivez vos résolutions.** Le 15 mars 1989, inspiré par un discours du docteur Peter Hanson, auteur de *bestsellers*, j'ai décidé d'écrire mon propre livre. En rentrant à la maison ce soir-là, j'ai pris un bloc-notes et j'ai écrit tout en haut: OBJECTIF: écrire un livre avant le 15 mars 1990. Cette simple affirmation fut le coup d'envoi de mon premier livre, *Always Change a Losing Game.* Il y avait des années que je voulais écrire un livre. Le mettre par écrit m'a permis de prendre la décision – et de m'engager fermement à le faire.

- **Mettez une limite au nombre de résolutions que vous prendrez.** Certaines personnes ambitionnent et écrivent une liste interminable de bonnes intentions. En quelques semaines, elles se sentent submergées et abandonnent. Une courte liste d'objectifs sérieux augmentera vos chances de succès. Trois à cinq résolutions me paraît réaliste. Elles peuvent se rapporter à la santé, aux relations, au travail, à l'argent, à l'éducation, à la communauté ou à la spiritualité. Ne vous surchargez pas.

- **Réalisez vos objectifs de façon ordonnée.** Abordez vos résolutions une à une. Les experts nous disent qu'il faut vingt et un jours pour changer un comportement. Il y a quatre ans, j'ai commencé des exercices pour le dos à l'aide d'un système comportant des cordes et des poulies. C'était pénible et je ne les faisais que sporadiquement. Finalement, j'ai décidé de prendre la chose au sérieux. Trois semaines plus tard, ils faisaient naturellement partie de mes habitudes matinales. Choisissez une résolution dans votre liste et essayez de la tenir pendant quelques semaines. Lorsque vous n'aurez plus de mal à la tenir, ajoutez-en une autre pour une période de trois

> « Le meilleur **moment** pour **planter** un arbre, c'était il y a vingt-cinq ans. Le deuxième meilleur moment, c'est **maintenant.** »
> ANONYME

semaines, et ainsi de suite. Vous aurez ainsi plus de chances de réussir et vous éviterez de vous décourager.

- **Soyez réaliste.** Ne prenez pas de résolutions extraordinaires et n'espérez pas des progrès considérables. Si vous venez tout juste de vous lever du canapé pour commencer à faire de l'exercice, ne décidez pas de vous entraîner toute la journée. Engagez-vous à faire une marche trois fois par semaine et voyez comment les choses se passent. Puis construisez à partir de cela.

- **Soyez précis.** Ne dites pas des généralités. « Je vais réduire ma consommation d'alcool » devrait être modifié pour « Je vais prendre un verre de vin au dîner et deux consommations le samedi et le dimanche. »

- **Soyez positif.** Plutôt que de dire « Je vais cesser de me coucher si tard », dites : « Je vais commencer à me coucher à 11 h 00. »

- **Exprimez l'action et non les résultats.** Puisque vous ne pouvez contrôler que votre propre comportement, faites attention à la façon dont vous formulez vos résolutions. Au lieu de dire « Je vais avoir une promotion », dites : « J'ai décidé de poser ma candidature au poste de directeur et d'actualiser mes compétences en gestion. » Ce n'est pas encore dans la poche à ce que je sache.

- **Rendez vos résolutions publiques.** Parlez de vos résolutions aux autres. Il n'est pas nécessaire toutefois de les afficher sur le babillard de la compagnie ou de faire un envoi massif de courrier à vos connaissances. Partager vos objectifs avec quelques collègues de travail, des membres de la famille ou des amis qui vous sont chers aidera à vous les rendre plus réels. C'est aussi une façon de les inviter à vous soutenir. Si vous hésitez à le faire, c'est peut-être que vous n'avez pas vraiment l'intention d'aller jusqu'au bout.

- **Engagez-vous à tenir vos résolutions.**

Prescriptions
- Pensez-y quelques jours avant d'écrire vos résolutions. Explorez tous les aspects de la vie (famille, santé, carrière, école, relations, communauté, finances). Quel aspect de votre vie aimeriez-vous améliorer?
- Choisissez deux ou trois résolutions réalistes, réalisables et importantes.
- Formulez-les simplement et de manière positive.
- Dites aux proches et aux êtres chers ce que vous avez écrit. Demandez leur soutien.
- Gardez votre liste sous la main. Relisez-la tous les mois pour connaître vos progrès.

Dr David Posen

Les résolutions du premier de l'an peuvent vous aider à commencer l'année du bon pied (mais vous préférerez peut-être commencer le deux, quand le football collégial sera terminé!).

Conclusion

Recoller les morceaux

Nous voici au terme de notre voyage dans le monde du stress. Nous avons parlé de l'équilibre travail et vie personnelle et des effets de l'esprit sur le corps, de la caféine et de ses conséquences sur le sommeil, de la colère et du souci que nous nous faisons, de la procrastination et de l'encombrement, de la technologie et des délais, de la dépression et de l'argent, du recadrage et de la relaxation, de la communication et du soutien social, de la période des Fêtes et des gens difficiles – et d'autres choses encore. Ce faisant, j'ai essayé de démontrer qu'il existait des façons pratiques, réalistes et efficaces de combattre le stress et que nous maîtrisions mieux la situation que nous le pensions.

Au cours de mes vingt et quelques années de pratique comme conseiller et spécialiste du stress, j'ai mis au point une méthode pour venir à bout de n'importe quelle situation stressante. La voici présentée sous forme d'une récapitulation des idées contenues dans ce livre. Elle consiste essentiellement en un tableau comportant quatre étapes conçues sous forme de questions.

Commençons par l'aspect visuel. Il s'agit d'une variante du Mécanisme du stress illustré en page 18

Comment s'installe le stress

Événement/Situation	Lentille/Filtre	Réaction de stress
(Agent stressant extérieur)	(Perception = Réalité)	(Réflexe de lutte ou de fuite)

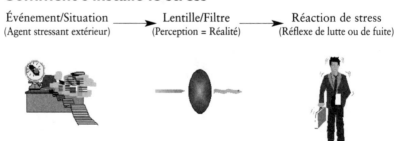

Tout d'abord, une situation ou un événement extérieur se produit qui sert de déclencheur (ou stresseur). En d'autres termes, quelque chose se passe. Ensuite, nous analysons cet événement d'un point de vue intellectuel. C'est comme si nous voyions l'événement par le truchement d'une lentille ou d'un filtre pour nous en faire une idée. Ce filtre, c'est notre cerveau dont les perceptions deviennent notre réalité. Finalement, notre corps réagit, non pas à l'événement, mais à ce que nous pensons de celui-ci, à la signification que nous lui donnons. Cette réaction constitue le réflexe de lutte ou de fuite que nous appelons réaction de stress. Et tout ce processus s'effectue en quelques secondes.

Voici les trois premières questions :

1. **Comment savez-vous que vous êtes stressé ?** La première chose à faire pour combattre le stress est d'en reconnaître les signes et symptômes.

2. **D'où vient le stress ?** La deuxième étape consiste à trouver la source de ce stress – le problème ou la situation qui a déclenché votre contrariété.

3. **Pourquoi cette situation vous contrarie-t-elle ?** Qu'est-ce qui vous stresse exactement ? Que dit votre voix intérieure ? Quelle est votre interprétation ?

La façon de répondre à ces trois premières réponses est résumée ci-dessous :

Comment s'installe le stress

Événement/Situation ———▶ Lentille/Filtre ———▶ Réaction de stress
(Agent stressant extérieur)   (Perception = Réalité)   (Réflexe de lutte ou de fuite)

Stresseurs/Déclencheurs	Filtres mentaux	Manifestations
1. Physiques/ En provenance du milieu	1. Interprétation	1. Symptômes physiques
2. Sociaux/Interactifs	2. Voix intérieure	2. Symptômes mentaux
3. Institutionnels/Bureaucratiques	3. Croyances	3. Émotions/Sentiments
4. Événements majeurs de la vie	4. Attentes	4. Comportements
5. Contrariétés de la vie quotidienne		

Une fois que vous avez pris conscience de votre stress, trouvez-en la source et analysez la raison pour laquelle cette source vous stresse. La prochaine question – la plus importante – est : que pouvez-vous y faire ? Ce qui nous amène à la quatrième question :

4. **Comment pouvez-vous réduire votre stress ?** Quelles stratégies et quelles solutions réduiront votre niveau de stress ou vous aideront à mieux le gérer ?

Tout comme il existe de nombreuses sources de stress différentes, il existe aussi de multiples options et stratégies visant à le réduire. Voilà pourquoi j'ai prévu trois sous-questions à la quatrième question :

• Que pouvez-vous faire pour remédier à la situation ? (Stratégies d'action)

- Sous quel autre angle pouvez-vous voir la situation ? (Stratégies de pensée)

- Comment pouvez-vous réduire le stress présent dans votre corps ? (Stratégies d'autogestion)

On trouvera des réponses à ces trois questions dans les trois listes du tableau ci-dessous. Veuillez noter que les listes n'ont pas la prétention d'être complètes. Elles n'ont d'autre but que de mettre en lumière les points importants et de donner une idée de la gamme des possibilités qui s'offrent à nous. Ainsi, si un élément de réponse ne fonctionne pas, il existe de nombreuses autres possibilités.

Stratégies de réduction de stress

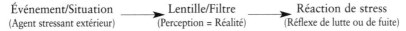

Événement/Situation   →   Lentille/Filtre   →   Réaction de stress
(Agent stressant extérieur)   (Perception = Réalité)   (Réfléxe de lutte ou de fuite)

D'action	De pensée	D'autogestion
1. Changement physique	1. Recadrage	1. Exercice
2. Franche affirmation de soi	2. Modification des croyances	2. Techniques de relaxation
3. Gestion du temps	3. Interruption de la pensée	3. Pauses
4. Solution du problème	4. Attentes réalistes	4. Plus de sommeil/ Moins de caféine
5. Abandon de la situation		5. Soutien social
		6. Humour/ Divertissement

Pour maîtriser complètement votre stress, utilisez un mélange des trois catégories de techniques de réduction de stress. C'est ainsi qu'il faut s'y prendre. Voici la technique présentée méthodiquement avec les étapes numérotées :

Maîtrise du stress

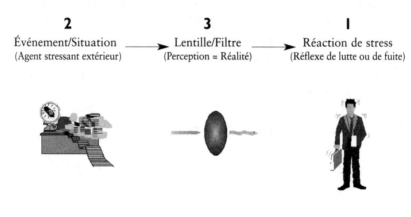

2	**3**	**I**
Événement/Situation →	Lentille/Filtre →	Réaction de stress
(Agent stressant extérieur)	(Perception = Réalité)	(Réflexe de lutte ou de fuite)

Découvrez d'OÙ vient le stress	Découvrez POURQUOI la situation est stressante	Découvrez QUAND vous êtes stressé

4

Décidez COMMENT vous pouvez réduire votre stress

4a	**4b**	**4c**
Stratégies d'action	Stratégies de pensée	Stratégies d'autogestion
(Ce que vous pouvez FAIRE)	(Des façons de PENSER)	(FAITES ATTENTION à vous)

Commencez à utiliser ce système au cours des semaines et des mois à venir, et voyez comment vous vous tirez d'affaire. Je puis vous assurer que ça marche !

Nous vivons dans un monde stressant. Il y a beaucoup de choses que nous ne pouvons contrôler. Mais si nous avons une meilleure emprise sur les choses que nous maîtrisons bel et bien, nous pourrons garder notre stress au meilleur niveau possible – ou, du moins, à un niveau raisonnable. L'objectif est de réduire le stress et non de l'éliminer. Une vie sans stress, ce n'est pas possible. Et même si ce l'était, elle serait probablement fort ennuyeuse. Le stress ajoute du piquant à la vie et nous fait donner le meilleur de nous-mêmes.

Par conséquent, profitez bien du stress positif (*eustress*) qui vous est bien utile et réduit le stress négatif (*détresse*) qui vous bouleverse et vous fait souffrir. Je vous souhaite la meilleure des chances pour la suite du voyage.

Appendice 1
Comment s'installe le stress

Événement/Situation	→	Lentille/Filtre	→	Réaction de stress
(Agent stressant extérieur)		(Perception = Réalité)		(Réflexe de lutte ou de fuite)

Stresseurs/Déclencheurs	**Filtres mentaux**	**Manifestations**
1. Physiques/ En provenance du milieu	1. Interprétation	1. Symptômes physiques
2. Sociaux/Interactifs	2. Voix intérieure	2. Symptômes mentaux
3. Institutionnels/Bureaucratiques	3. Croyances	3. Émotions/Sentiments
4. Événements majeurs de la vie	4. Attentes	4. Comportements
5. Contrariétés de la vie quotidienne		

Stratégies de réduction de stress

D'action	De pensée	D'autogestion
1. Changement physique	1. Recadrage	1. Exercice
2. Franche affirmation de soi	2. Modification des croyances	2. Techniques de relaxation
3. Gestion du temps	3. Interruption de la pensée	3. Pauses
4. Solution du problème	4. Attentes réalistes	4. Plus de sommeil/ Moins de caféine
5. Abandon de la situation		5. Soutien social
		6. Humour/ Divertissement

Appendice 2
Qu'est-ce que le stress ?

Quelle forme la demande prend-elle ?

- La « demande » peut se présenter sous forme d'une menace, d'une provocation ou d'un changement, quel qu'il soit, exigeant une certaine adaptation du corps.

- La « menace » peut être réelle ou imaginaire.

- La réponse est automatique, immédiate et généralisée.

- La personne a généralement l'impression d'être tendue, nerveuse, crispée ou anxieuse.

- La réaction de stress est alors réalisée par l'entremise de l'adrénaline, du cortisol et d'autres hormones de stress. On l'appelle aussi « réflexe de lutte ou de fuite ».

Que se passe-t-il au cours d'une réaction de stress ?

On assiste à une augmentation :

- de la fréquence cardiaque,

- de la tension artérielle,

- du rythme de la respiration,

- de la tension musculaire,

- de la transpiration,

- de la vivacité d'esprit et de la perception sensorielle,

- du débit sanguin vers le cerveau, le cœur et les muscles,

« Le stress est la **réponse** non spécifique du corps à une demande qui lui est adressée, quelle que soit cette **demande**. »

DR HANS SELYE

233

• de la glycémie, du taux de cholestérol, du nombre de pla-
quettes et du facteur de coagulation.

On assiste à une diminution:

• du débit sanguin vers la peau,

• du débit sanguin vers le système digestif,

• du débit sanguin vers les reins.

Le stress est nécessaire à la vie et à la survie. Il peut être positif
et utile (eustress) ou négatif et nuisible (détresse).

Appendice 3:
Quels sont les symptômes du stress?

Les reconnaître, les détecter et en prendre conscience

Le stress peut engendrer un ensemble de symptômes parmi les suivants :

Symptômes physiques

- Céphalées.
- Étourdissements.
- Serrement des mâchoires, grincement des dents, tics.
- Douleurs ou oppression thoraciques, palpitation, essoufflement, respiration de Küssmaul.
- Nausées, vomissement, brûlures d'estomac, indigestion, crampes, diarrhée, constipation.
- Frémissements, tremblements, tremblement des mains, poings serrés.
- Agitation, nervosité, sensation de surexcitation.
- Troubles du sommeil (difficulté à s'endormir, sommeil interrompu et/ou réveil tôt).
- Fatigue, faiblesse, perte d'appétit.
- Baisse de la libido.
- Rhumes, grippes et infections des voies respiratoires à répétition.
- Augmentation des affections préexistantes (migraines, colites, ulcères, asthme).

Symptômes mentaux

- Diminution de la concentration et plus grande tendance à l'oubli.
- Perte de l'esprit de décision.
- Diminution du sens de l'humour.
- Surabondance de pensées, trous de mémoire, confusion.

Symptômes émotionnels

- Anxiété, tension ou nervosité.
- Dépression, tristesse ou sentiment d'être malheureux.
- Craintes, soucis, pessimisme.
- Irritabilité, impatience, colère, frustration.
- Apathie, indifférence, perte de la motivation.

Symptômes comportementaux

- La personne ne tient pas en place, fait les cent pas, est agitée.
- La personne fume sans arrêt, boit, mange trop.
- La personne ronge ses ongles, frétille du pied ou du genou.
- La personne blâme les autres, hurle ou jure.
- La personne crie, pleure, est au bord des larmes.

Appendice 4 :
Sources intérieures et extérieures de stress

1. Physiques (en provenance du milieu)

- Bruits, cohue, encombrement.

- Froid, chaleur, humidité.

- Éclairage vif, manque d'éclairage.

- Hauteurs ou espaces clos (par exemple : avions, cabines, ascenseurs).

- Manque de fenêtres.

2. Sociales (interaction avec les autres)

- Problèmes relationnels (avec la famille, la personne aimée, les amis).

- Relations au travail (avec le patron, les collègues de travail, les clients).

- Foules, parties, étrangers.

- Les gens impolis, agressifs, qui trouvent à redire ou compétitifs.

- Les gens qui ne sont pas fiables, de mauvaise humeur, indécis ou ennuyeux.

3. Institutionnelles (relatives à l'organisation)

(Au travail, à l'école, à l'hôpital, dans les bureaux du gouvernement)

- Règles, réglementations, restrictions, bureaucratie, paperasserie.
- Délais, horaires, réunions, formalités, politiques du bureau.

4. Événements majeurs de la vie

(Se marier, avoir un enfant, changer de maison ou de ville, décès d'une épouse, d'un mari ou d'un membre de la famille proche, promotion, perte d'emploi)

- Les changements découlant des circonstances de la vie peuvent être positifs ou négatifs.
- L'effet stressant dure de douze à vingt-quatre mois, mais diminue avec le temps.
- Les effets provenant d'événements différents sont cumulatifs.

5. Contrariétés de la vie quotidiennes

(Heure de pointe, craintes associées à la criminalité, égarer des choses, attendre en ligne, être mis en attente au téléphone, ennuis mécaniques, entretien de la maison, trouver un stationnement, hausse du coût de la vie).

- Des situations quotidiennes, apparemment sans importance et qui se répètent peuvent devenir irritantes, embêtantes et frustrantes.

Agents stressants intérieurs

I. Choix des habitudes de vie

- Santé : caféine, manque de sommeil, malnutrition, cigarette, drogues.

- Horaire surchargé, manque de loisirs ou piètre équilibre travail et vie personnelle.

- Longues heures de travail, travail par quarts, transport, voyages.

- Surendettement.

- Isolement social ou trop grande participation à la vie sociale.

2. Voix intérieure négative

- Trouve à redire, porte des jugements, pensées offensantes ou réprimandes, dénigrement.

- Autoritarisme (« tu aurais dû faire… » et « tu dois faire… »).

- Émotions destructrices : culpabilité, soucis, regrets, ressentiments, apitoiement sur son sort, jalousie.

- Filtres négatifs : pessimisme, cynisme, défaitisme, scepticisme, suspicion.

- Sape lentement le moral ou fait des comparaisons qui vont à l'encontre du but recherché.

- Rumine, se complaît dans son malheur, analyse sans arrêt et anticipe.

3. Interprétation des événements

- Percevoir quelque chose comme un danger ou une menace.

- Avoir l'impression de ne pas maîtriser la situation.

- Juger quelque chose comme s'il s'agissait d'un problème.

- Tirer des conclusions trop hâtives quant aux intentions des autres personnes.

- Ne pas avoir une « bonne impression » de soi.

4. «Voies sans issue»

- Attentes irréalistes.
- Trop grande identification aux rôles, au travail, au titre, aux biens, etc.
- Croire être personnellement visé.
- Prendre à son compte les problèmes d'autrui.
- Exagérer ou généraliser.
- Rigidité.
- Attitude de type «tout ou rien».

5. Systèmes de croyances

- Croyances désuètes.
- Croyances erronées.
- Croyances autolimitatives.
- Croyances négatives.
- Croyances rigides.

6. Types de personnalités prédisposées au stress

- Obsédés du travail.
- Surperformants.
- Personnalités de type «A».
- Perfectionnistes.
- Complaisants.
- Aidants naturels.
- Victimes.

Des bons mots pour le docteur Posen

Toujours redresser la barre quand la situation se dégrade

En est maintenant à sa huitième réimpression et est toujours un best-seller national.

« *Tout le monde est concerné par ce livre ! Le Dr Posen nous enseigne, par des histoires simples et amusantes, comment mieux vivre en se servant d'une multitudes d'exemples – et nous pousse à agir !* »
  - Jack Canfield, co-auteur de *Chicken Soup for the Soul*

« *Avec ce livre, changer semble amusant plutôt qu'ennuyeux. Le Dr Posen nous montre comment passer du rêve à la réalité. Lisez une page au hasard, vous ne pourrez plus vous arrêter. C'est un livre magnifique.* »
  - Christine A. Padesky Ph.D., co-auteur de *Mind Over Mood* et directrice du Center for Cognitive Therapy, Newport Beach, CA

« *Pour une fois, un livre pratique, rempli de la sagesse clinique d'un médecin d'expérience.* »
  - Dr Stanley E. Greben, professeur émérite de psychiatrie à l'Université de Toronto

« *Ce livre nous fait voir les choses, il est instructif et donne des résultats, et son écriture est un pur divertissement. Il est indispensable à toute bibliothèque de croissance personnelle.* »
  - Dr Ron Taylor, médecin des Blue Jays et ancien joueur de base-ball des ligues majeures

Garder la tête hors de l'eau quand la tempête fait rage

« Ce livre divertissant, qui se lit d'une traite, amène ses lecteurs à apprivoiser eux-mêmes les changements. Non seulement le Dr Posen connaît son sujet, mais il nous en facilite la compréhension. »

- Dr Peter G. Hanson, auteur de *The joy of Stress* et de *Stress for Success*

« David Posen remet ça! Son guide de survie en période de changements est réaliste, rassurant et amusant à lire. »

- Jack Canfield, co-auteur de *Chicken Soup for the Soul*

« David Posen est un très bon conseiller pour quiconque vit une transition. Je recommande Staying Afloat When the Water Gets Rough à tous ceux qui essaient de se sortir d'une mauvaise passe. »

- William Bridges, auteur de *Transitions* et de *Jobshift*